你不是迷茫，而是自制力不强

张卉妍 编著

中国华侨出版社
·北京·

谁的青春不迷茫,
都因自制力不强。
为什么你的人生总是没有方向感?
为什么你总是一次次陷入挫败?
为什么你无法掌控自己的时间和情绪……
越过孤独,告别迷茫,
自制力在你不经意间抬头,
为你找到光亮。

一个有梦想的人,
要耐得住没有星空的夜晚。
一个有追求的人,
可以把「梦」做得高些。
虽然开始时是梦想,
但只要不停地做,
不轻易放弃,
梦想终能成真。

戒了吧，拖延症！
人生有限，拖延无益。
拖延如毒液腐蚀人生，
战胜拖延症，
你就能成功超越93%的人。

每一个糟糕的未来,
都有一个不努力的现在。
明天过得好不好,
取决于你今天怎么过。
踏踏实实地过好每一天,
不抱怨、不放弃,
为自己的梦想尽每一份力。
不要让未来的你,讨厌现在的自己。

你不是没修养,是控制不了情绪。

成功是一个自我实现的过程,

如果你控制了情绪,便控制了人生;

能调动情绪,就能调动一切!

如果你拥有了高情商,

你就可以让心中时时充满绿意。

你所谓的稳定,不过是在浪费生命。
紧紧攥住黑暗的人永远都看不到阳光;
今天的放弃,是为了明天的得到;
与其抱残守缺,不如断然放弃……

前言 PREFACE

我们都曾有梦想,都希望找到喜欢的生活状态,但是,时间长了,有些人就忘记了曾经的万丈豪情,忘记了曾经许下的诺言。不知道有多少人被眼前的困难吓得连连后退,有多少人躲在安逸的生活里不愿探头,有多少人藏在时光的角落里窥探他人的成功而自我悔恨。在忙忙碌碌的生活里,在逼仄的格子间里,很多人让迷茫代替了坚定,理想变成了无助,笑容扭成了愁容。叫嚷着命运不公,抱怨、吐槽成了这些人生活的一部分,甚至有的人已经随波逐流。

我们常说,生活会给予我们想要的一切,但许多人憧憬的美好状态,不是说一说或是做一个美梦就可以实现的,它需要我们比别人多努力百倍、多付出百倍,甚至是多折磨百倍才可能拥有。如果没有跨急流攀险峰的胆魄,没有全力以赴抵达理想彼岸的决心,遇到荆棘和坎坷就轻易退却,遭受泥泞和伤痛就选择放弃,那么无论我们再怎么憧憬诗和远方,生活本身依然会是一潭死水。过好这一生,你需要智慧,更需要勇气。有勇气去努力和拼搏,才会让你放弃眼前的苟且,穿越更多的丛林,见识更多的风景，历险美好的岁月。

爱拼才会赢，拼搏，才能成就人生。"三分天注定，七分靠打拼。"你的未来不会在某个地方傻傻地等你，成功不会从天而降，它需要我们每天不断地努力、拼搏、积累。你要用双手拼出属于你自己的世界，拼出属于你自己的辉煌。路都是自己走出来的，如果只想走坦途，那么你的人生连接的就是一种向下的曲线，路越来越窄，未来越来越迷茫。如果不畏险途，勇敢向前，在跨越一道道障碍后，你会发现，生命越来越精彩，曾经的困难与挫折都化作了通向成功的彩虹桥。

努力，是为了不辜负曾经那些五光十色的梦想；拼搏，是为了以更快的速度接近我们心中的目标；奔跑，是为了提醒自己前方的路途还很漫长。跌倒了爬起来就好，受伤了休息后再出发。现在流的汗水，是为了证明我们没有空耗生命。现在那么拼命努力，是为了十年后，乃至年老时，不因虚度时光而追悔莫及。

你不是迷茫，而是自制力不强。如果你害怕成为明天的失败者，那么从今天起，你就要时刻警醒自己，不能再过散漫失控的生活，而要沿着人生的道路开始努力奔跑，总有一天，你会变成自己喜欢的样子，会拥有想要的生活。

目录 CONTENTS

第一章　谁的青春不迷茫，都因自制力不强　/1

自制力缺乏与焦虑是一对孪生兄弟　/2

借口成为习惯，如毒液腐蚀人生　/5

自制力不强承担不自信的恶果　/8

放任你好，成功再见　/10

克服了懒惰，就成功了一半　/13

远离那些懒散的"家伙"　/17

情绪失控："压力山大"很烦人　/19

没有自制力与颓废：能力在散漫中衰退　/22

缺乏自制力导致流失机会　/25

失败旋涡：失去自制力，你会无数次放弃　/28

第二章　别在吃苦的年纪选择安逸　/ 31

你最大的敌人就是自己　/ 32

咬咬牙，人生没有过不去的坎儿　/ 34

狠下心，绝不为自己找借口　/ 37

从现在起，感谢折磨你的人吧　/ 40

战胜自己的人，才配得起上天的奖赏　/ 43

多一份磨砺，多一份强大　/ 49

拒做呻吟的海鸥，勇做积极的海燕　/ 52

纵使平凡，也不要平庸　/ 54

把自己"逼"上巅峰　/ 56

第三章　我不知道谁的成功是偶然的　/ 59

果断出手，莫对机会欲说还"羞"　/ 60

机会女神只青睐那些有准备的头脑　/ 62

无限风光在险峰　/ 65

挑战自我，多给自己一个机会　/ 68

机遇没有彩排，只有直播　/ 70

吃得苦中苦，方为人上人　/ 73

敢于冒险的人生有无限可能　/ 74

第四章　一个有梦想的人，要耐得住没有星空的夜晚　/ 79

寂寞成长，无悔青春　/ 80
你的孤独，虽败犹荣　/ 82
每一只惊艳的蝴蝶，前身都是不起眼的毛毛虫　/ 84
做一个安静细微的人，于角落里自在开放　/ 86
心中有光的人，终会冲破一切黑暗和荆棘　/ 88
虽然每一步都走得很慢，但我不曾退缩过　/ 90

第五章　每一个糟糕的未来，都有一个不努力的现在　/ 93

今天得过且过，将来一生无成　/ 94
抱怨生活之前，先认清你自己　/ 97
问题的98%是自己造成的　/ 99
你对了，整个世界都对了　/ 102
修正自己在于管理自己　/ 105

反击别人不如充实自己　　/ 107

你比你认为的更伟大　　/ 110

改变态度，你就可能成为强者　　/ 112

人生并非由上帝定局，你也能改写　　/ 116

第六章　你所谓的稳定，不过是在浪费生命　/ 119

紧紧攥住黑暗的人永远都看不到阳光　　/ 120

不舍弃鲜花的绚丽，就得不到果实的香甜　　/ 122

今天的放弃，是为了明天的得到　　/ 124

与其抱残守缺，不如断然放弃　　/ 126

错过花朵，你将收获雨滴　　/ 128

勇于选择，果断放弃　　/ 130

悬崖深谷处，撒手得重生　　/ 132

第七章　戒了吧，拖延症　/ 135

时间都去哪了？　　/ 136

"病态"的悠闲：还有明天！　　/ 139

借口和自我欺骗：如何招来拖延之患　　/ 142

重拾行动力，克服拖延症　　/ 145

让"快速行动"成为一种习惯　　/ 147

设立明确的"完成期限" /150
想到就做，穿上"行动鞋" /153

第八章 你不是没修养，是控制不了情绪 /157

要想成为世界的主人，先成为情绪的主人 /158
暴躁的性格是引发不幸的导火线 /161
自控，成熟比成功更重要 /165
情绪不稳定时，学会"绕着房子跑3圈" /168
情绪低落时不妨假装快乐 /170
用运动驱散心头的烦闷 /173

第一章

谁的青春不迷茫,
都因自制力不强

自制力缺乏与焦虑是一对孪生兄弟

自制力缺乏和焦虑的关系,犹如焦不离孟、孟不离焦的一对孪生兄弟,它们亲密无间,可以说是世界上最好的搭档。

心理学家不乏对焦虑和自制力缺乏症之间关系的研究,研究表明,焦虑感的增加与自制力缺乏症有很大的关系。当你因为任务完不成的时候而产生焦虑,你是否还记得这种变化是因为失控的拖延而产生的?拖延了之后你是感觉暂时放松了还是感觉持续的焦虑?当截止日期越来越接近时,你的焦虑感是不是又急速攀升了呢?

不少人使出拖延这一缓兵之计,可能会使自己暂时摆脱焦虑感的折磨,甚至可能说服自己享受片刻的舒适。但事实上,焦虑感并未消除,你十分清楚这些被拖延的工作和决定是必须做的,随着最后期限的逼近,你的焦虑感也就会随之上升。

自制力缺乏的罪恶感和对无法按时完成的恐惧感也会大大降

低你的工作效率，这会让你身心俱疲，然而自制力缺乏与焦虑相互作用的整个过程还是会周而复始地出现。

但是，最初的焦虑感究竟来自何方呢？一开始是因为什么要推迟自己手头上的事呢？其实，焦虑感可能源于不同情绪的杂合，其中主要包括自我怀疑、对失败的恐惧等。

我们都有这样的体验，当认为自己有能力完成事情的时候，往往就能又快又好地去做。如果你怀疑自己的能力，由于害怕面对失败的窘境，又会发生什么呢？你很有可能出现拖延的行为，为了拖延而焦虑。这种自我怀疑让许多自制力缺乏症患者举步维艰。

有些人对自己正在做的工作感到担忧，这种负面的、消极的情绪会拖累那些本来有实力，可以拥有光明前途的人。实际上，很多被公认将拥有大好前程的人，往往都是最害怕失败的，因为期望过高导致他们更容易失望。

有的人可能本身很优秀，但是为了追求成功，却害怕提出不合适的观点或错误的方案，于是，他们在开会的时候总是保持安静。他们害怕上司对自己失望，这种异常的焦虑和恐慌使他们感到寸步难行，唯有通过失控的拖延来逃避这种焦虑感。

害怕失败正是造成焦虑和自制力缺乏的重要原因之一。当面对可能发生的失败时，有些人会让自己失败的画面整夜在脑海中生动上演，而这又加深了自己的焦虑。从某种程度上来看，自制力缺乏症能帮助逃离这种恐惧。

一个缺乏自信的人，在人生的道路上是怯懦的，他们害怕被否定，害怕被质疑，因为害怕，他们选择了放任，而放任带给他们的除了暂时的心理舒适外，更多的是循环往复的焦虑。

马艳从大学毕业后，就成为县一中的语文老师。学校领导对这个师范大学高才生另眼相看，她一入职就让她担任高一重点班一班的班主任。然而，高才生马艳却辜负了学校领导的期待，期末考试时，一班的成绩竟然还不如普通班，这简直有点儿说不过去。

而马艳面对这样的结果，她也进行了认真的反思。这一学期以来，她工作压力并不小，虽然她刚刚入职，没有任何经验，却被委以重任，这让她心中发虚，很长一段时间都在心里打鼓，生怕自己做不好班主任。而这种自我怀疑也让她下意识地在规避一个班主任的责任，这让她变得焦虑，同时为了缓解这种焦虑，她对班级管理工作完全放任，实在看不下去也敷衍以对。这样一学期下来，这个班级的管理当然是一团糟。

当马艳找到自己的症结后，她不再放任，不再逃避，她此后花了更多的心思在班级管理上，与此同时，她的焦虑以及压力也大大减轻了，而一班最终也成为"学霸"班。

当你选择相信自己的时候,你会发现困难是如此的脆弱。失控不可怕,焦虑也不可怕,可怕的是我们对自己的看法。拿起"自信"之刀,将"放任"的荆棘通通砍倒,我们将会迎来人生的阳光大道。

借口成为习惯,如毒液腐蚀人生

要知道,人的习惯是在不知不觉中养成的,具有很强的惯性,很难根除。它总是在潜意识里告诉你,这个事这样做,那个事那样做。在习惯的作用下,哪怕是做出了不好的事,你也会觉得是理所当然的。

比如说为自己的失控行为寻找借口。选择失控的行为,总会为自己找到借口。而找借口,是世界上最容易办到的事情之一,因为我们可以找到很多的借口去自我安慰,掩饰自己的错误。在工作和生活中就是这样,有的人常常把不成功归咎于外界因素,总是要去找一些敷衍其他人的借口。久而久之,我们就会养成一个习惯:借口越找越多。于是,我们靠着一个又一个借口麻痹自己,在一个又一个借口中消磨生活的勇气和热情。

当我们千方百计为失败找借口时,时间在一个又一个借口中悄然流逝,个性的棱角在一个又一个借口中被磨平。原本尚存的希望,在一个又一个借口中溜走;原本尚存的斗志,在一个又一个借口中远离;原本尚存的机遇,在一个又一个借口中错过……

如果在工作中以某种借口为自己的过错和应负的责任开脱，第一次你可能会沉浸在借口为自己带来的暂时的舒适和安全之中而不自知。于是，这种借口所带来的"好处"会让你第二次、第三次为自己去寻找借口，因为在你的思想里，你已经接受了这种寻找借口的行为。不幸的是，你很可能就会形成一种寻找借口的习惯。

这是一种十分可怕的消极的心理习惯，它会让你的工作变得拖沓而没有效率，会让你变得消极而最终一事无成。于是，便有可能出现这样的情境：两眼紧盯屏幕，其实脑中却空空如也，什么也没有想；面对一份方案，即使抓耳挠腮、咬牙切齿、搜肠刮肚，依然没有新的想法，更别说靠谱的方案。此时头脑内部就像早已干涸的河床，大脑的运动就像休眠中的火山……这时候，你才会明白，长期的借口会腐蚀你的大脑。

现代铁路两条铁轨之间的标准距离是 4.85 英尺。原来，早期的铁路是由建电车的人设计的，而 4.85 英尺正是电车所用的轮距标准。那么，电车的标准又是从哪里来的呢？最先造电车的人以前是造马车的，所以电车的标准是沿用马车的轮距标准。马车又为什么要用这个轮距标准呢？英国马路辙迹的宽度是 4.85 英尺，所以，如果马车用其他轮距，它的轮子很快会在英国的老路上撞坏。这些辙迹又是从何而来的呢？从古罗马人那里来的。因为整个欧洲，包括英国的长途老路都是由罗马人为它的军队所铺设的，而 4.85 英尺正是罗马战车的宽度。任何其他轮宽的战车在这些路上行驶的话，轮子的寿命都不会很长。可以再问，罗马人为什么以4.85英尺作为战车的轮宽呢？原因很简单，这是牵引一辆战车的两匹马屁股的宽度。故事到此还没有结束。美国航天飞机燃料箱的两旁有两个火箭推进器，因为这些推进器造好之后要用火车运送，路上又要通过一些隧道，而这些隧道的宽度只比火车轨道宽一点，因此火箭助推器的宽度是由铁轨的宽度所决定的。

所以，最后的结论是：由于路径依赖，美国航天飞机火箭助推器的宽度，竟然是由2000年前两匹马屁股的宽度决定的。

可见，习惯虽小，却影响深远。习惯对我们的生活有绝对的影响，因为它是一贯的，它在不知不觉中，经年累月影响着我们的品德，我们思维和行为的方式，左右着我们的成败。

一旦我们养成了寻找借口的习惯，那么我们的上进心和创造力也就慢慢地烟消云散了。我们要拒绝借口，避免养成寻找借口的坏习惯，在工作中，更应该想办法去拒绝借口，而不是忙着找借口。

许多平庸者、失败者的悲哀，常常在于面对困境时缺乏足够的智慧和勇气，总是在借口的老路上越走越远。"生不逢时""不会处世""缺少资金"……归结一点：自己的拖延行为总是各种因素促成的。

事实上，困难永远都有，挫折也在所难免，关键是怎样对待。不断向别人学习，不断充实自己，不断总结经验教训，不断探索实践，这样才会有成功的机会。

如果你发现自己经常为了没做某些事而制造借口，或是想出千百个理由来为没能如期实现计划而辩解，那么现在正是该面对现实好好检讨的时候了。

自制力不强承担不自信的恶果

自制力不强产生的根本原因之一便是不自信。因为不自信，所以恐惧；因为恐惧，所以自制力不强；因为自制力不强，所以不自信。这种恶性循环的次数越多，对心灵造成的伤害也就越大。

这绝不是危言耸听，身边发生的事实会告诉你真相：

莹莹是某所大学的毕业生，只不过毕业两年来，她却被归为了"啃老"一族。对莹莹来说，她并不是不想去参加工作，更不愿意背负"啃老"的恶名。

家里人都为她的现状而着急。从小玩到大的表哥小杨问莹莹：为什么不去上班却选择啃老？莹莹很不好意思地说，因为现在各大公司要求比较严格，怕自己进去后，受不了公司的约束。表哥建议莹莹可以选择工作形式相对灵活一些的公司。但是莹莹又很快表示，好一点的企业招聘的都是名校研究生，自己只是一个二本院校毕业的本科生，很难进入好公司。而这是自己毕业后一直没有找工作的主要原因。

在莹莹眼里，总觉得自己学历不高，能力有限，她也想自己快点找工作，但总是觉得自己还没有准备好。以至于她为自己准备了好几份简历，但终究因为自信心不足，而一再拖延投出简历。

"等下个月，我把这本介绍互联网金融的书看完，再投简历吧。这样我的知识更丰富一些，面试时我也不担心。"

"等年底再开始找工作吧，那时候离职的员工比较多，很多企业开始准备招人，我有可能会被录用。"

这些不自信的想法，让莹莹一次次拖延找工作的念头。她总是躲在自己的小角落里，害怕一出来就会受到伤害。莹莹总认为自己的状态还不够好，自己的知识还不够丰富，这种不自信导致她不断拖延，以至于自己最终成为别人眼中的"啃老族"。

至于恐惧在失控症中所起到的作用，2009年卡尔顿大学的提摩西·A.派切尔教授带领两位研究生通过研究并证明：导致失控症的恐惧是多方面的，有人是因为缺乏信心而失控；有人是害怕表现不好导致丢脸、伤自尊而失控；还有人则是害怕自己失败了，会让自己最在意的人失望，所以才失控。

在不自信的人眼中，他们会经常以自己构想的视角去看问题，他们经常用自己构想出来的结果打消自己前进的念头，比如他们可能会说："那家公司的笔试题肯定非常难，到时如果我很多题答不出来，肯定会被鄙视的。"而这种不自信导致的后果当然是失控的拖延了。

缺乏自信心会使人失控，而失控反过来又会影响人们的心理和精神，进而使人的自信进一步降低。人们会在拖延中滋生出很多的挫折感和自我挫败式的思维方式。同时，还会萌生出一些固执、荒唐的想法，影响对自身能力的评价。当一个人因为缺乏自信而一再失控时，他的内心便会因此而产生更严重的内疚、自责和心理冲突，从而加重失控。

怎么解决这些麻烦？问题不在于事情多难，压力多大，而在于——你得信自己，你更得信"你命在你不在天"！自信心建立起来了，你的失控症也就治好了一大半。

放任你好，成功再见

一些习惯放任的学生会说："许多人都在玩，我又何必这么紧张呢？"那些习惯放任的职员会说："大家都这样工作，我又何必这么认真呢？"那些习惯放任的人会说："等以后再努力，今天又何必这么努力呢？"……

每当要付出辛劳时，总是能找出一些借口来安慰自己，总想让当下的自己轻松些、舒服些。人们都有这样的经历：清晨闹钟将你从睡梦中惊醒，你一边想着该起床了，一边又不断地给自己寻找借口"再等一会儿"，于是又躺了5分钟，甚至10分钟……

放任的背后其实是个人的惰性心理作怪，因为选择了借口就意味着能享受到"便利"，同时带来了"思考放弃症"。在享受"思考放弃症"带来的便利的同时，也推掉了可能降临的机会。

当J先生还在上小学的时候，他不想做老师布置的作业，他对自己说："不要紧，老师布置的功课太多。"参加工作后，面对工作上的种种难题，他又对自己说："刚毕业的学生，不懂的地方多着呢。"中年的时候，和J先生同时进入公司的同事，都已经节节升迁。J先生却不以为然地说："他们不比我聪明多少，只是机遇比我好一点罢了。"

在他退休的时候，一切在轻松悠闲中已经过去了，他什么也没有得到。J先生这时才蓦然发现，往事不堪回首："其实有很多机会，我抓住了都可能获得晋升。比如有一次，公司想派我到西部去掌管分公司，但是需要我在一个项目上展现实力，但我却因为放任没有把项目做好。"

一旦让放任替自己开脱责任后，人的一生自然会享受到种种"便利"，但最终也会注定人生的碌碌无为。

我们盘点自己的得失时，对放任的利弊应该有更清楚的认识：放任得到的暂时"便利"，终会换来今后的"沉重"人生。

小郭工作5年来，不仅没有得到晋升，甚至面临着失业。是什么导致了他这样的境遇？

刚进公司的小郭是个非常有竞争优势的年轻人。顶着名牌大学毕业生的光环，但是，他来到这家公司后，发现现实与自己的理想有偏差，对工作、企业都产生了抵触情绪。他觉得自己的学历比别人高，能力比别人强，却屈尊在小公司里，于是终日浑浑噩噩，有事情也不积极解决，能拖则拖，寄希望于时间可以解决一切。

更让同事们不能容忍的是，他总是仗着资历老，在紧急的项目面前不紧不慢的，"别着急啊，这个工作我做了几年了，两天就完了""现在没兴趣，过几天再说吧"。在小郭的拖延中，很多问题都得不到解决，和他一组的同事却因为他一起受到了公司的惩罚。

同事们不愿再与他协作，上司也对他产生了看法。而小郭却没有意识到自己的问题，对待工作仍改不了拖延的毛病。5年时间下来，小郭做好的项目屈指可数，上司越来越不满意他的表现了。

平庸者的经典台词往往是："缓一缓吧，明天一切都好了！"用这种思维方式，用这种逻辑为自己开脱的人比比皆是。某种程度上，一个人在放任问题上所表现出来的态度是他走向卓越还是平庸的分水岭。平庸者遇到问题只会不断放任，成功者面对困难则会积极想办法解决问题。

拥抱放任，也意味着与幸福远离。看"幸福"的"幸"字很有意思，它和"辛苦"的"辛"字长得很像，简直是一对孪生兄弟。在"辛"上多一点努力就变成了"幸"，或者说辛苦跨一步就是幸福。这也正说明了辛苦和幸福的关系，辛苦一下，幸福就来了。选择不拖延，多一点辛苦，幸福和成功也就近了。

选择不放任的生活方式，这是一种全身心地投入人生的生活方式。当你活在当下,既没有过去拖你的后腿,也没有迷茫阻碍你往前时,你全部的能量都集中在这一时刻,生命也因此具有一种强烈的张力,你可以把全部的激情放在这一刻,你的成功也就近在咫尺。

克服了懒惰,就成功了一半

心理学家乔治·哈里森这样说:"懒惰是一种不能按照自己的本来意愿行事的精神状态,是缺乏意志力的表现。"虽然很多人都说自制力与懒惰并没有关系,但我们不能否认,失控真的是我们在惰性心理影响下导致行动力减弱而形成的一种坏习惯。

的确如此,在若干种因素导致的失控中,懒惰是最为常见的。比如说当我们早知道自己长期不运动已经导致体重超标,我们也知道能用什么方法可以减去身体多余的赘肉,可是我们却迟迟不肯行动,以至于拖延着让不健康的生活继续,让体重继续增加。这就是懒惰带来的恶果。

张峰接到老板的任务:一周内起草与甲公司的销售合同,这对法律专业出身的他简直是小菜一碟。

第一天,手头上其他工作本来可以结束,但他想明天做完再动手也不迟。

第二天,有突发事件耽误了一上午,下午下班前他才勉强将原有工作完成。

第三天，他刚准备起草合同，同事工作上遇到困难请他帮忙耽误了一上午，下午他也没心情做，心想：周末的两天足够了，不急。

结果第四天一帮朋友搞了个聚会，他整整玩了一天，晚上喝得酩酊大醉。

就这样，他一直睡到次日中午，起来头还晕得厉害，吃了几片药又躺下休息。

第六天上班后的例会上，老板问他完成任务没有，他撒谎说差不多了，只是有些数据需要核实，明天就能交上。

开完例会他立刻动手，才发现这份合同书远没想象中那么简单，涉及许多他不熟悉的领域，而且还需要许多实证数据的支持，就是三天也未必能完成！

由于合同没有按时拟好，影响了与客户签约，老板对他进行了严厉批评，还在公司内进行通报批评，张峰羞愧得无地自容。

案例中的张峰因为养成了拖延工作的习惯，而失去了行动的主动权，最终让自己狼狈不堪。

失控和懒惰之间存在着不可分离的关系。失控在惰性中滋生，而惰性是失控的纵容者。失控不一定是懒惰，但懒惰肯定会失控。这二者结合在一起，便成为将你的灵魂和身体侵蚀一空的绝佳借口，而它们都有着让人上瘾的特性，越是懒惰越是失控，如此持续下去，有可能会消磨你的意志，阻碍你的发展。

其实想要拒绝懒惰也并没有多困难，最有效的方法就是让自己勤奋起来。亚历山大曾经说过:"虽有卓越的才能,而无一心不断的勤勉、百折不挠的忍耐,亦不能立身于世。"成功人士知道"无限风光在险峰",只有努力攀登,才能有"一览众山小"的豪情。

早起的鸟儿有虫吃。勤奋是一种需要长久坚持的人生信念,只有将"勤奋"二字作为自己永久的座右铭,才能在不惰性的人生中实现成功。

比尔·盖茨在参加博鳌亚洲论坛2007年年会期间,在一次与中国网友网上讨论时,接受了近两万名网友的提问。其中,大家向比尔·盖茨问得最多的问题是:"你成功的主要原因是什么?"比尔·盖茨的回答是:"工作勤奋,我对自己要求很苛刻。"

在微软创业初期,比尔·盖茨就异常勤奋努力。微软老员工鲍伯·欧瑞尔说出了1977年进入微软公司时比尔·盖茨的工作状态:"那时候比尔满世界飞。他会亲自跑到各个公司跟人家谈,比如德州设备、施乐公司、德国西门子公司、法国公牛机器公司等。那些

公司会有一大帮技术、法律、销售及业余人员围着他,问他各种问题。比尔经常单枪匹马参加世界各地的展览会,推销产品。比尔整天都在销售产品,有时他刚出差回来就连续上班24小时,累了就在办公桌下睡一小会儿。"

虽然微软的员工们工作非常卖力,但都勤奋不过他们的老板比尔·盖茨。事实上,比尔·盖茨至今依然如此勤奋努力,哈佛商学院的案例中有这样的说法:"盖茨好像就住在办公室,他每天上午大约9点钟来到办公室后,就一直待到半夜,休息时间似乎就是吃比萨饼外卖这顿晚饭的几分钟,吃完后他又继续忙开了。"

每个精英的故事中都有类似的描述。当你羡慕别人坐拥巨富享受高品质生活时,当你妒忌别人拿着高薪坐着高位时,当你看到机会总是让别人遇到时,你也许会抱怨世界真不公平。但是,当你抱怨不公平时,是否反省过:"我有他们那么勤奋吗?"

古罗马有两座圣殿:一座是勤奋的圣殿,另一座是荣誉的圣殿。他们在安排座位时有一个次序,就是必须经过前者,才能达到后者。勤奋是通往荣誉的必由之路,那些试图绕过勤奋,寻找荣誉的人,总是被荣誉拒之门外。

很多人总是在抱怨自己命运不济和人生的难以捉摸,其实命运本身却不如人们所言那样神秘莫测。洞察明了生活的人都了解:幸运和机遇通常伴随于那些勤奋努力之人,而不是那些懒惰之人。

远离那些懒散的"家伙"

前文中已经详述了懒惰与失控的紧密联系，如果你身处一个懒散的群体，你可能也会不自觉地变懒，进而因"懒"而致失控。

有人这样说："懒惰是传染病，只要你的身边有一个懒人，很快就会出现第二个、第三个，你也很快会变成其中的一分子。"这话比较有道理，懒惰犹如瘟疫，它会从一个人的身上蔓延到一群人的身上。的确如此，身边有了懒人，我们会不自觉地向他们看齐，否则内心往往会泛起不平衡：凭什么我要做这么多的事，我也要学会偷懒。

当下很多企业，也窝藏一群懒人，上班踩着点，下班提前溜；凡事能躲则躲，能推则推，如果和这些懒散的"家伙"为伍，你迟早也会甘于平庸不思进取。被誉为"世纪经理"的杰克·韦尔奇的经历多少能给我们一点启示。

1961年，韦尔奇已经来到GE工作一年了，这时候，韦尔奇的顶头上司伯特·科普兰给他涨了1000美元工资，韦尔奇觉得还不错，他以为这是公司对有贡献的人的奖赏，他因而十分有干劲。但他很快发现他的同事们跟他拿的薪水差不多。知道这个情况后，韦尔奇一天比一天萎靡不振，终日牢骚满腹。

一天，时任GE新化学开发部年轻的主管鲁本·加托夫将韦尔奇叫到自己的办公室，令他印象深刻的是这句话："韦尔奇，难道你不希望有一天能站到这个大舞台的中央吗？"

这次谈话被韦尔奇称为是改变命运的一次谈话，后来当上执行总裁的韦尔奇也一直尊称加托夫为恩师。

他决定让自己有一个根本性的改变，这时在他面前出现了一个机遇：一个经理因成绩突出被提升到总部担任战略策划负责人，这样经理的职位就出现了空缺。我为什么不试试呢？韦尔奇想。

韦尔奇不想看着这个可以改变自己的机会从眼前溜走，他开门见山地对他的领导说："为什么不让我试试鲍勃的位置？"

韦尔奇在领导的车上坐了一个多小时，试图说服他。最后，领导似乎明白了韦尔奇是多么需要用这份工作来证明自己能为公司做些什么，他对站在街边的韦尔奇大声说道："你是我认识的下属中，第一个向我要职位的人，我会记住你的。"

在接下来的7天时间里，韦尔奇不断地给领导打电话，列出他适合这个职位的其他原因。

一个星期后，加托夫打来电话，告诉他，他已被提升为塑料部门主管聚合物产品生产的经理。1968年6月初，也就是韦尔奇进入GE的第8年，他被提升为主管2600万美元的塑料业务部的总经理。当时他年仅33岁，是这家大公司有史以来最年轻的总经理。

1981年4月1日，杰克·韦尔奇终于凭借自己对公司的卓越贡献，稳稳地站到了董事长兼最高执行官的位置上，站到了GE

这个大舞台的中央。

韦尔奇没有向平庸者们看齐，他不断进取，最终站到了公司内权力的最高点。然而，懒惰和懈怠只会将卓越的才华和创造性的智慧悉数吞噬，使之逐渐退步，甚至成为没有任何价值的员工。

不可否认的是，我们身边有很多懒人，他们或多或少对自己会造成一定的影响。不要把注意力放在这些人身上，关注他们只会让自己变得浮躁。如果你将注意力从他们身上转移的话，当你完成任务的时候，可能别人正在加班。我们不应该和"懒人"计较一些事情，这样会打击我们做事的积极性。

所以，我们不要轻易被懒人的言语和行为"诱惑"了，懒惰只会带来片刻的舒适，该做的事情拖延之后还终需解决，到最后终将会为自己的懒惰付出代价。"近朱者赤，近墨者黑"，我们要远离那些懒散的人群，防止自己被他们所传染。

情绪失控："压力山大"很烦人

也许有人觉得，压力会带来动力。没有压力我们会变得更懒散和失控。因此，给自己压力往往成了这些人战胜失控的"秘诀"，但其实不是这样。

不少失控者的一大谎言是，认为时间的紧迫会让他们更具有工作效率。惯于失控的人可能有这样的借口，如"我明天会更乐意做这件事""我在压力下能更好地工作"，而实际上，等到了第二天，照样没有工作的热情，在压力下也不见得工作出色。

　　心理学家张侃认为，工作越多、压力越大，越容易失控。可以说，失控总是伴随着压力而生的。压力会在很多方面造成失控，巨大的压力让我们逃避带来压力的工作。

　　心理学家发现，尽管压力感可以带来一定的效率，但一件事拖到最后，会面临巨大的时间压力，在这种压力的逼迫下做事，会消耗更多的心理能量，让人充满忧虑、焦灼和内疚感。

　　压力和动力之间的关系，是一个倒U形曲线。当压力强度在曲线转折点的那个最高点上时，人的潜能最容易被激发，压力最能创造动力。但是过了这个值以后，压力会产生更多焦虑、抑郁等负面情绪，当我们自觉无法应对压力时尤其如此。于是我们陷入了这样的怪圈：压力越大，我们越需要时间和精力来放松。放松后回头一看，原本就很紧迫的时间又消失了些，压力更大了，只好继续放松。压力和失控就这样形成了恶性循环。

　　某大学的小李本是品学兼优的学生，父母为供他读书四处举债，而这让他感受到了不少压力。大四那年，小李却面临这样的窘境：如果无法在一学期之内修完之前落下的6门课，他就要被延期毕业，甚至退学。可就在这时候，他沉溺于网游。他完全知道自己顺利毕业参加工作对这个家庭的意义，但是在此时他却选择了逃避。他甚至想，毕不了业去干体力活，也能帮家里分担负担。小李同学的失控症很大程度上来自家庭的经济压力。

人有一种"习得性无助"的无奈感，时间压力有时候会让人产生这样的习得性无助：那种我再努力也无法赶上时间进度的感觉。这时候，压力除了制造焦虑，再也不会激起人努力的欲望了。从这个角度来说，压力是失控症最忠实的盟友，甚至可以说，失控症的问题，某种意义上，也就是压力管理问题。

晚上，高波坐在客厅里看电视，但是显得有点无精打采。老妈在屋子里忙前忙后，看到有点不在状态的儿子，她问："出什么事了，怎么像霜打的茄子？"

"没事，就是最近特别烦！"高波在老妈面前倒也不伪装。

"你去玩会儿游戏吧！心情烦的时候，就去玩游戏。"老妈绝对是最心疼儿子的人，想方设法让儿子不受委屈。

"这几天我也没有玩游戏的心思，没什么意思。玩的时候，一直想着还有工作没做出来，周一就得交方案了，心里特别着急。一着急吧，游戏就玩不好，总是输，然后就更心烦，整个人都不在状态。"高波如实地说出了自己的困扰。

"后天就要交了，那你怎么还在这里待着？赶紧去做啊！"

老妈显得十分着急。

"我知道时间很紧，可就是不想动。一想起工作的事，半天都找不到头绪，不知道死了多少脑细胞。昨天我就挺烦的，可想着不是还有今天吗？也就没往心里去。可到了现在，我还是静不下心来，一直拖着没动，我心里都快急死了……"

高波嘴上虽然很着急，但是还是窝在客厅没有动弹。其实，深受压力而又选择拖延的人，何止高波一个人呢？所有拖延的人都似乎是同样的表现，心里压力山大，手里却还在点着微博、微信、淘宝，绝对会将工作拖延到最后一刻。

很多人在工作的时候，会有这样的体验。工作任务不紧的时候，他也不会早早完成工作，假模假式地在那里耗着。等到压力真正降临时，他又开始焦头烂额，一边抱怨压力大，一边辛苦地干活，但他却不知道这些压力都是自己造成的。

如果我们从一开始就有条不紊、从从容容地开展工作，心里应该会更加踏实，完成任务之后也会更有成就感。不过，这样的感受，受压力困扰的失控症患者似乎很少体验过。他们所感受到的，不过是失控与压力恶性循环之后带来的烦恼和苦闷。

没有自制力与颓废：能力在散漫中衰退

失控是一种很坏的习惯。今天该做的事拖到明天完成，现在该打的电话等到一两个小时后才打，这个月该完成的报表拖到下一个月，这个季度该达到的进度要等到下一个季度，等等。

因为失控，没有解决的问题，会由小变大、由简单变复杂，像滚雪球那样越滚越大，解决起来也越来越难。从自身角度来说，过了一段时间，当你再次想起来强迫自己继续时，你会发现自己无法具备当初的工作能力了。事实上，失控将使你的能力不断衰退。

林晃在一家公司做产品工艺设计员，他经常埋怨、找借口、推卸责任，还利用工作时间和同事聊天，把工作丢到一旁而毫无顾忌。别人提起，他总是说"等一会儿再做""明天再做，有的是时间"……

渐渐地，他做事变得拖沓起来，效率低下。要他星期一早上交的方案，到了星期二早上依然尚未做完，经理批评他，他就带着情绪工作，把方案做得一塌糊涂。后来，林晃在接到工作任务时，不是考虑怎样把工作做好，而是能拖则拖，没有主动性。时间长了，他已经无法掌握到工作的要领了，而且因为同事们的迅速成长，他成了公司最末流的员工。因为能力低，不能按时、按质完成工作，经理也不愿再交给他重要任务，只让他做最简单的方案。

如果我们总是在说，"我应该去面对它，但现在对付它还为时过早"，那么，你的"失控症"最终将会导致工作能力不断退化。

可以说，失控是最具破坏性的，它使人丧失进取心、迷失方向。一旦开始遇事拖拉，就很容易再次拖延，直到变成一种根深蒂固的习惯，为自己的成功制造不可逾越的鸿沟。任何憧憬、理想和战略，都会在拖延中落空。

初入职场的年轻人身上往往有一股逼人的朝气，但职场"老人"则会经常打击他们："等你们混得久了，就不会这么有激情了。"当年轻人也逐渐变成职场"老人"时，他们大多数人会发现当初的"老人"的话真的很对，以至很多人将"岁月就是一把杀猪刀"的话挂在嘴边。

已经在公司混迹了四五年的"老人"曹伟也经常这样。遥想刚进入这家公司时，那时候可真是英姿勃发。进入了自己喜欢的行业，他期待着在职场上大展拳脚，尽情地发挥自己的才能，感觉前途一片光明。当时，每接到一个新任务，曹伟都全身心地投入，总是以最快的速度、最好的质量来"交差"。站在如今的角度回头看过去的成品，甚至觉得有点"小儿科"，可那时的自己一直在进步，而现在总是感觉自己在吃老本了。他甚至有点不太喜欢现在的自己。

他回想起自己目前的状态：不管什么事，总是要拖到最后才开始去做，一点自控力都没有；但凡稍有麻烦的事情，都坚决持逃避态度，心想着"烫手的山芋接不得"；被动地接受现状，很少主动研究存在的问题。遇到棘手的工作内容，曹伟就想着退缩、辞职不干；就算是手到擒来的工作内容，做得也是马马虎虎，可能是因为心里有底，就更加不会全身心地投入了。

生活的可怕之处就在于此：安于现状。最尴尬的就是曹伟这样的，整个人却又像是被卡住了一般，不安心就这样混下去，但又习惯了以失控来适应现状。

失控症害人，这是绝对的真理。你一手促成的失控将侵蚀你的意志和心灵、消耗能量、摧毁创造力，阻碍你个人潜能的发挥。

每个人在自己的一生中，都有着某种憧憬、某种理想或某种计划，假如能够将这些憧憬、理想与计划，快速加以执行，那么，其在事业上的成就不知道会有多大！但是，如果人们有了好计划后，并不去快速执行，而是一拖再拖，就会让热情逐渐冷淡，让能力逐渐消磨，计划最终会失败。

如果失控的问题不解决，恐怕这辈子都只能浑浑噩噩地度过了。

缺乏自制力导致流失机会

博弈论中有个"分蛋糕博弈"模型，其基本含义就是：当我们在谋划如何获得最大利益的时候，收益有可能在不断缩水。

机不可失，失不再来，这是任何人都明白的道理，但是仍然有许多人却习惯了失控，当行动起来的时候，最好的时机已过，过去所有的努力都白白浪费了。

许多人做事总喜欢拖延，殊不知，选择现在不做，也许就等于选择了永远也不做。"温水煮青蛙"能说明这个道理。

把青蛙直接扔进沸腾的水中，青蛙的神经刺激反应很快，它会马上跳出来。反过来，如果把青蛙先放进20～30℃的温水中，再给水逐渐加热，直到沸腾为止，这个过程中青蛙没有任何反抗，直到最后被活活烫死。

水温过高，为了保全性命，青蛙会毫不犹豫地立刻跳出，所以青蛙在第一种情形下安然无恙。但是，如果一开始把青蛙泡在温水中，它会忘乎所以地在水里游来游去，根本就察觉不到水温在变化，神经系统反应也不灵敏，等发现异常时，已经奄奄一息，没有跳离沸水的力量了，只能坐以待毙。

这种情形也发生在人身上。我们常常习惯于安于现状，习惯于在接到任务的时候能拖则拖，不到紧急关头不愿意有所行动，等到时间越来越长，到最后错过了最好的行动时机，就如置身于水深火热之中，苦不堪言，工作业绩也会一蹋糊涂，什么事情也干不成。

好的机会往往稍纵即逝，如果当时不善加利用，错过之后就将后悔莫及。很多人都能下决心做大事，但是，只有一部分人能够选择不拖延，也只有这部分人是最后的成功者。

1973年6月，在美国哈佛大学，18岁的科莱特认识了与他同龄的一个年轻人，这个年轻人长着一副娃娃脸，满头金发。大学二年级那年，这位小伙子邀请科莱特一起退学去开发32Bit财务应用软件。

这对于科莱特来说，是个他想都没想过的问题，因为他来哈

佛是求学的，不是来闹着玩的。再说，关于 Bit 财务应用软件，他们的导师才教了点皮毛，要开发 Bit 财务应用软件，还有诸多的困难。他委婉地拒绝了那位小伙子的邀请。

10 年后，科莱特成为美国哈佛大学计算机 Bit 财务应用软件方面的学者；而那位退学的金发小伙子则在这一年进入了亿万富豪排行榜。当时间到了 1995 年，当科莱特准备研究和开发 32Bit 财务软件时，而那位金发小伙子则已开发出 Eip 财务软件，其性能比 Bit 软件快 1500 倍，并且在半个月内占领了全球市场，这一年他成了世界首富。这个金发小伙子有一个代表着成功和财富的名字——比尔·盖茨。

如果当初盖茨有了创立公司的想法，有了献身 IT 事业的决心后，却等到大学毕业才开始，这中间难保没有另外的想法冲击盖茨，如果真是这样，也许我们今天看到的世界首富也就不是盖茨了，那个在IT行业占尽风头的也就不是微软公司了。

做事情缺乏自制力、找借口的人总是把事情推到明天，今天想明天，到了明天却又在怀念昨天，殊不知，现在的时光是你能够有所作为的唯一时刻。只有在当下马上行动，才能在日后有所收获。

须知道，人生有很多机会，都只出现一次，然后就再也没有了。如果我们面对这绝无仅有的机会，由于惧怕和其他种种问题而不去做的话，机会就会一去不复返。所以，严格控制自己，这才是优秀者应有的态度。

失败旋涡：失去自制力，你会无数次放弃

在大多数心理学家看来，失控源于压力以及个人效率的降低，而这些感觉综合起来，往往又会加剧失控。与失控症相连的是眼中的挫败感和一连串的心理问题，因拖延未完成任务而对自己失望，继而产生挫败感。随着一次又一次相似的经历，这种挫败感周而复始。

人们常常可以在日常生活中感知到"挫败感"。人类有"自由竞争"的天性，在面对问题的时候，"战斗"或者"逃避"是人的本能意识。结果自然也会有成功有失败，成功者当然是积极

奋进的，而失败者面临的状态则是另一种了。

一旦人们预知自己即将面临可怕的失败，人首先就会启动生理的应激机制，瞳孔开始缩小，心率开始变慢，肾上腺素暂停分泌，肌体供血紧张，头脑开始变得不那么清醒，四肢肌肉开始松弛，一切肌体运作都开始向着"收缩、退避"的方面做准备。

而在心理上，当"挫败"不可避免地到来时，我们所能够感受到的首先是巨大的恐惧、无助、慌乱、不知所措。有些人想要尽力否认自己已经遭受到了"挫败"，想方设法通过拖延以逃避这种"挫败"给自己的心灵带来的创痛。

刚出校门的艾伦给人的印象是工作非常勤奋，甚至常常通宵达旦地工作。但在领导和同事眼中，他却并不是一个优秀的员工。

这并不是说艾伦的工作能力不强，他在大学阶段是公认的优秀分子，学习成绩一直名列前茅。当他进入这家广告设计公司后，原本豪情万丈的他却接连遭遇了挫败。"初生牛犊不怕虎"，他刚进公司时接手的几个项目遭遇了领导的否决，有时候绞尽脑汁连续加班的项目，领导依然不满意。频频受挫，让艾伦对失败的恐惧越来越重："难道我真的这么差劲吗？"这样的心理包袱让艾伦感到十分疲惫，时间一长，再接到项目时则是能缓一时则缓一时，他患上了严重的工作拖延症。而拖延导致的结果是经常加班，而仓促完成的项目也不能令领导满意。在琐碎繁杂的工作中，艾伦感到自己身体中的负能量越来越多，但他却又毫无办法。

失控导致的挫败感，让人在不知不觉中选择逃避，选择后退。人一旦失去了前进的动力，后果可想而知。

那么，应该怎样调节自己来应对失控和"挫败感"带来的恶性循环呢？

首先，寻求稳定的心绪。对于一个有"挫败感"的人来说，恢复平日的镇静和从容，对于自身境况才可以有一个比较冷静客观的评价。

其次，能够对"挫败"本身予以足够的理解。俗话说"塞翁失马，焉知非福"。正确地认识到不是所有的竞争都可以成功，不是一定要自己永远走在一条成功的、前进的道路上。千万不要一旦受挫就万念俱灰，如果没有一颗积极准备应对挫折的心，怎么能够见到更为美好灿烂的明天？

再次，要能够积极地对现实的"挫败"进行评估。做出相关的决定，尽量阻止失败的扩大化，把握积极主动的机会，以减少可能带来的更多更大的损失。

最后，找出失败的原因和问题所在，寻找积极应对的策略。找到可以实现的补救策略，下定决心，向失败发起进攻，千万不要用失控来应对。

对于我们而言，要克服因失败恐惧而导致的失控症，就必须学会用发展的心态看待问题。暂时的挫败只是给自己一个加倍努力的理由，实在没有什么可怕的。

第一章

别在吃苦的年纪
选择安逸

你最大的敌人就是自己

每个人最大的对手就是自己。如果你能战胜自己，走出布满阴霾的昨天，你也能成为幸福的人，获得自己人生的奖赏。

驯鹿和狼之间存在着一种非常独特的关系，它们在同一个地方出生，又一同奔跑在自然环境极为恶劣的旷野上。大多数时候，它们相安无事地在同一个地方活动，狼不骚扰鹿群，驯鹿也不害怕狼。

在这看似和平安闲的时候，狼会突然向鹿群发动袭击。驯鹿惊愕而迅速地逃窜，同时又聚成一群以确保安全。狼群早已盯准了目标，在追和逃的游戏里，会有一匹狼冷不防地从斜刺里蹿出，以迅雷不及掩耳之势抓破一头驯鹿的腿。

游戏结束了，没有一头驯鹿牺牲，狼也没有得到一点食物。第二天，同样的一幕再次上演，依然从斜刺里冲出一匹狼，依然抓伤那头已经受伤的驯鹿。

每次都是不同的狼从不同的地方蹿出来做猎手，攻击的却只是那一头鹿。可怜的驯鹿旧伤未愈又添新伤，逐渐丧失大量的血和力气，更为严重的是它逐渐丧失了反抗的意志。当它越来越虚弱，已不会对狼构成威胁时，狼便群起而攻之，美美地饱餐一顿。

其实，狼是无法对驯鹿构成威胁的，因为身材高大的驯鹿可以一蹄把身材矮小的狼踢死或踢伤，可为什么到最后驯鹿却成了狼的腹中之食呢？

狼是绝顶聪明的，它们一次次抓伤同一头驯鹿，让那头驯鹿经过一次次的失败打击后，变得信心全无，到最后它完全崩溃了，完全忘了自己还有反抗的能力。最后，当狼群攻击它时，它放弃了抵抗。

所以，真正打败驯鹿的是它自己，它的敌人不是凶残的狼，而是自己脆弱的心灵。同样的道理，要让自己强大起来，唯一的方法就是挑战自己，战胜自己，超越自己。

每个人最大的对手就是自己。如果你能战胜自己，走出布满阴霾的昨天，你也能成为幸福的人，获得自己人生的奖赏。

咬咬牙，人生没有过不去的坎儿

往往，再多一点努力和坚持便收获到意想不到的成功。以前做出的种种努力、付出的艰辛，便不会白费。令人感到遗憾和悲哀的是，面对一而再、再而三的失败，多数人选择了放弃，没有再给自己一次机会。

乔治的父亲辛曾经是个拳击冠军，如今年老力衰，卧病在床。

有一天，父亲的精神状况不错，对他说了某次赛事的经过。

在一次拳击冠军对抗赛中，他遇到了一位人高马大的对手。因为他的个子相当矮小，一直无法反击，反而被对方击倒，连牙齿也被打出血了。

休息时，教练鼓励他说："辛，别怕，你一定能挺到第12局！"

听了教练的鼓励，他也说："我不怕，我应付得过去！"

于是，在场上他跌倒了又爬起来，爬起来后又被打倒，虽然一直没有反攻的机会，但他却咬紧牙关坚持到第12局。

第12局眼看要结束了，对方打得手都发颤了，他发现这是最好的反攻时机。于是，他倾全力给对手一个反击，只见对手应声倒下，而他则挺过来了，那也是他拳击生涯中的第一枚金牌。

说话间，父亲额上全是汗珠，他紧握着乔治的手，吃力地笑着："不要紧，有一点点痛，我应付得了。"

在人生的海洋中航行，不会永远都一帆风顺，难免会遇到狂风暴雨的袭击。在巨浪滔天的困境中，我们更需坚定信念，随时赋予自己生活的支持力，告诉自己"我应付得了"。当我们有了这份坚定的信念，困难便会在不知不觉中慢慢远离，生活自然会回到风和日丽的宁静与幸福之中。唯有相信自己能克服一切困难的人，才能激发勇气，迎战人生的各种磨难，最后成就一番大业！记住，只要你有决心克服，就一定能走过人生的低谷。

卡耐基在被问及成功秘诀的时候说道："假使成功只有一个秘诀的话，那应该是坚持。"人生道路中的很多苦难和痛苦都是如此，只要熬过去了，挺住了，就没什么大不了的。

巴顿将军在第二次世界大战后的聚会上说起这么一段经历：当他从西点军校毕业后，入伍接受军事训练。团长在射击场告诉他：打靶的意义在于，哪怕你打偏了99颗子弹，只要有1颗子弹打中靶心，你就会享受到成功的喜悦。

对于实战经验不多的新兵来说，想要枪枪命中靶心是困难的，然而，当巴顿的靶位旁的空子弹壳越来越多时，他已成了富有射击经验的老兵。

战争爆发后，巴顿将军奔波于各个战场，没有安稳感，他一度对生活产生了疑问，觉得自己像一架战争机器，不知道战争究竟要到何年何月才是尽头。

但这一切仅仅持续了不到7年。这7年里，由于倔强刚烈的个性，巴顿所经历的挫折、失意，曾经那么锋利地一次次伤害过他，令他消沉，后来他才明白：它们只不过是那一大堆空子弹壳。

生活的意义，并不在于你是否在经受挫折和磨炼，也不在于要经受多少挫折和磨炼，而是在于忍耐和坚持不懈。经受挫折和磨炼是射击，瞄准成功的机会也是射击，但是只有经历了99颗子弹的铺垫，才有一枪击中靶心的结果。

只要坚持到底，就一定会成功，人生唯一的失败，就是当你选择放弃的时候。因此，当你处于困境的时候，你应该继续坚持下去，只要你所做的是对的，总有一天成功的大门将为你而开。

查德威尔是第一个成功横渡英吉利海峡的女性，她没有满足，决定从卡塔林岛游到加利福尼亚。

旅程十分艰苦，刺骨的海水冻得查德威尔嘴唇发紫。她快坚持不住了，可目的地还不知道有多远，连海岸线都看不到。

越想越累，渐渐地她感到自己的四肢有千斤那么沉重，自己一点劲都使不上了，于是对陪伴她的船上工作人员说："我快不行了，拉我上船吧！"

"还有一海里就到了啊，再坚持一下吧。"

"我不信，那怎么连海岸线都看不到啊！快拉我上去！"看她那么坚持，工作人员就把她拉上去了。

快艇飞快地往前开去，不到一分钟，加利福尼亚海岸线就出现在眼前了，因为大雾，只能在半海里范围内看得见。

查德威尔后悔莫及，居然离横渡成功只有一海里！为什么不听别人的话，再坚持一下呢？

拿破仑曾经说过："达到目标有两个途径——势力与毅力。势力只有少数人有，而毅力则属于那些坚韧不拔的人，它的力量会随着时间的发展而至无可抵抗。"往往，再多一点努力和坚持便收获到意想不到的成功。以前做出的种种努力、付出的艰辛，便不会白费。令人感到遗憾和悲哀的是，面对一而再、再而三的失败，多数人选择了放弃，没有再给自己一次机会。所以，无论我们处于什么样的困境，遭遇多大的痛苦，我们都应该激励自己：离成功我只有一海里，只要熬过去就是胜利！

狠下心，绝不为自己找借口

没有人与生俱来就会表现出能与不能，是你自己决定要以何种态度去对待问题。保持一颗积极、绝不轻易放弃的心去面临各种困境，而不要让借口成为你工作中的绊脚石。

世界上最容易办到的事是什么？很简单，就是找借口。狐狸吃不到葡萄，它就找出一个借口：葡萄是酸的。我们都讥笑狐狸的可怜，但我们又不自觉地为自己找借口。

在我们日常生活中，常听到这样一些借口：上班晚了，会有"路上堵车""闹钟坏了"的借口；考试不及格，会有"出题太偏""题目太难"的借口；做生意赔了本有借口；工作、学习落后了也有借口……只要有心去找，借口总是有的。

久而久之，就会形成这样一种局面：每个人都努力寻找借口来掩盖自己的过失，推卸自己本应承担的责任。于是，所有的过错，你都能找到借口来承担，借口让你丧失责任心和进取心，这对于你的生活和工作都是极其不利的。

没有人与生俱来就会表现出能与不能，是你自己决定要以何种态度去对待问题。保持一颗积极、绝不轻易放弃的心去面对各种困境，而不要让借口成为你工作中的绊脚石。

年轻的亚历山大继承了马其顿的王位后，拥有广阔的土地和无数的臣民，可这并不能满足他的野心。一次，亚历山大因一场小型战争离开故乡，他的目光被一片肥沃的土地吸引，那里是波斯王国。于是，他指挥士兵向波斯大军发起了进攻，并在一场又一场战斗中打败了对手。随后陷落的是埃及。埃及人将亚历山大视为神一般的人物。卢克索神庙中的雕刻表明，亚历山大是埃及历史上第一位欧洲法老。为了抵达世界的尽头，他率领部队向东，进入一片未知的土地。20多岁的时候，他就已经击败了阿富汗的地区头领。接着，他又很快对印度半岛上的王侯展开了猛烈进攻……

在仅仅10多年的时间里，亚历山大就建立起了一个面积超过200万平方英里的帝国。因为他在任何情况下都不找借口，即使是条件不存在，他也毫不犹豫地去创造条件。

做事没有任何借口。条件不足，创造条件也要上。美国成功学家拿破仑·希尔说过这样一段话："如果你有自己系鞋带的能力，你就有上天摘星星的机会！"让我们改变对借口的态度，把寻找借口的时间和精力用到努力工作中来。因为工作中没有借口，失败没有借口，成功也不属于那些找借口的人！

第二次世界大战时期的著名将领蒙哥马利元帅在他的回忆录《我所知道的二战》中有这样一个故事：

"我要提拔人的时候，常常把所有符合条件的候选人集合到一起，给他们提一个我想要他们解决的问题。我说：伙计们，我要在仓库后面挖一条战壕，8英尺长，3英尺宽，6英寸深。说完就宣布解散。我走进仓库，通过窗户观察他们。

"我看到军官们把锹和镐都放到仓库后面的地上，开始议论我为什么要他们挖这么浅的战壕。他们有的说6英寸还不够当火炮掩体。其他人争论说，这样的战壕太热或太冷。还有一些人抱怨他们是军官，这样的体力活应该是普通士兵的事。最后，有个人大声说道：我们把战壕挖好后离开这里，那个老家伙想用它干什么，随他去吧！"

最后，蒙哥马利写道："那个家伙得到了提拔，我必须挑选不找任何借口完成任务的人。"

一万个叹息抵不上一个真正的开始。不怕晚开始，就怕不开始。没有第一步，就不会有万里长征；没有播种，就不会有收获；没有开始，就不会有进步。因此，你千万不要找借口，再困难的事只要你尝试去做，也比推辞不做要强。

从现在起,感谢折磨你的人吧

人不能总停留在原地,而是要努力向前。感谢折磨你的人,你将得到更迅捷的发展速度。

对于生活中的各种折磨,我们应时时心存感激。只有这样,我们才会常常有一种幸福的感觉,纷繁芜杂的世界才会变得鲜活、温馨和动人。一朵美丽的花,如果你不能以一种美好的心情去欣赏它,它在你的心中和眼里也就永远娇艳妩媚不起来,而如同你的心情一般灰暗和没有生机。只有心存感激,我们才会把折磨放在背后,珍视他人的爱心,才会享受生活的美好,才会发现世界原本有很多温情。心存感激,是一种人格的升华,是一种美好的人性。只有心存感激,我们才会热爱生活,珍惜生命,以平和的心态去努力地工作与学习,使自己成为一个有益于社会的人。心存感激,我们的生活就会洋溢着更多的欢笑和阳光,世界在我们眼里就会更加美丽动人。从今天开始,感谢折磨你的人吧!正如网上流传的一首诗写的那样:

当我们拿花送给别人时,
首先闻到花香的是我们自己。
当我们抓起泥巴想抛向别人时,
首先弄脏的是我们自己的手。
一句温暖的话,

就像往别人的身上洒香水,
自己也会沾到两三滴,
因此,要时时心存好意,
脚走好路、身行好事、惜缘种福。

很多的时候,
我们需要给自己的生命留下一点空隙,
就像两车之间的安全距离,
一点缓行的余地,
可以随时调整自己,进退有序,
生活的空间,需要清理挪减而留出,
心灵的空间,则经思考领悟而拓展。

打桥牌时要把我们手中所握有的这副牌,
不论好坏,都要把它打到淋漓尽致。
人生亦然,重要的不是发生了什么事,
而是我们处理它的方法和态度。

假如我们转身面向阳光,就不可能陷身在阴影里。
光明使我们看见许多东西,
也使我们看不见许多东西,
假如没有黑夜,
我们便看不到天上闪亮的星辰。

因此，即便是曾经一度使我们难以承受的痛苦磨难，
也不会是完全没有价值，
它可以使我们的意志更坚定，
思想人格更成熟。

因此，当困难与挫折到来，
应平静而对，乐观地处理，
不要在人我是非中彼此摩擦。
有些话语称起来不重，
但稍一不慎，
便会重重地坠到别人心上，
同时，也要训练自己，
不要轻易被别人的话扎伤、变心。

你不能决定生命的长度，但你可以控制它的宽度；
你不能左右天气，但你可以改变心情；
你不能改变容貌，但你可以展现笑容；
你不能控制他人，但你可以掌握自己；
你不能预知明天，但你可以利用今天；
你不能样样胜利，但你可以事事尽力。

凡事感激，感激伤害你的人，因为他磨炼了你的心志；
感谢欺骗你的人，因为他增强了你的智慧；
感谢中伤你的人，因为他砥砺了你的人格；

感谢鞭打你的人，因为他激发了你的斗志；
感谢遗弃你的人，因为他教导你该独立；
感谢绊倒你的人，因为他强化了你的双腿；
感谢斥责你的人，因为他提醒了你的缺点；
凡事感谢，学会感谢，感谢一切使你成长的人！

战胜自己的人，才配得起上天的奖赏

虽然屡遭痛苦，却能够百折不挠地挺住，这就是成功的秘密。所以，你一定要学会坚强。有了坚强，才有了面对一切痛苦和挫折的能力。

村里有一位妇女，因为乳腺癌，不得不去医院做了左乳切除手术。

伤口痊愈后，她下地走路时，奇怪地发现，自己的身体竟不自觉地向右边倾斜起来。她稍一愣怔后便明白了：也许是自己的乳房比较大且重的缘故，少了一只左乳后，身体也失去了原有的平衡。

让她更为苦恼的是，自己的胸前左边瘪塌塌的，右边鼓囊囊的，极不对称，以致穿起衣服来很是别扭和难看。

可是她又没钱买义乳。怎么办？她决定自己做一个。她"就地取材"地从家里搬出芝麻、蚕豆、玉米、小麦、绿豆等种子，依次分别往乳罩左边的罩口里装满一种种子，然后再缝合罩口，戴在身上测试一下身体的美观及平衡效果。最后，她选定了绿豆作为乳罩的填充物。

初戴上"绿豆乳罩"的她显得异常的兴奋与激动，对于自己的身体，她仿佛又找回了曾经的那份自信与美丽。后来，她无论是下地干活，还是串门赶集，时时刻刻地戴着那副"绿豆乳罩"。

一天晚上，她摘下乳罩准备睡觉时，惊讶地发现——乳罩里的那些绿豆竟发芽了！

那一夜，她基本上没合眼，想着怎样解决绿豆在自己的体温下会发芽的问题。第二天，她把那些绿豆炒熟了，然后再放进乳罩里……

可是她发现，问题又来了，她的身上始终有一种熟绿豆的香味挥之不去。只要她一出现在人群里，人家总会耸着鼻子作闻香状，然后好奇地问：谁兜里揣着熟绿豆？好香啊！快点拿出来让大家尝尝……弄得她很是尴尬，又不好讲出实情，但也怪不得人家，人家也是无意的啊。

后来，经过很多次试验，她在缝制"绿豆乳罩"的时候，终于找到了一个折中的良方，就是在炒绿豆的时候，要掌握好它的火候——仅把绿豆炒到七八成熟的样子，这样的绿豆放进乳罩里既不会发芽，也闻不到香味，刚刚好。

费劲思量，才解决了绿豆作为乳房替代物与自己身体兼容的难题，这位爱美的女人终于松了口气。

有一天，一家女性刊物的记者知道这事后，大老远地赶来采访这位村妇。采访临近尾声时，记者提出要给她拍几张照片。她一下子激动得满脸通红，因为在那个偏僻的村庄里，她很少有照相的机会，她习惯性地抻抻衣角、捋捋头发，然后站在一株从石缝里长出的芍药花旁，郑重而优雅地摆出了一个个美丽的姿势。望着镜头里那朵火红的花儿衬托着那张自信而美丽的笑脸，泪水模糊了记者的视线……

后来，这位记者在她的文章中写道：

"我是怀着一种敬仰和感动的心情对她进行采访的，在为她的遭遇感到心酸的同时，又被她乐观而不屈的精神所鼓舞并深感欣慰。这样一个在贫困交加的境地里挣扎的女人，依然向往美丽，顽强地追求着美丽，她今后的生活一定会好起来的，就像她拥花而卧的那张美丽的照片。因为她的精神不败，我坚信，仅凭这一点，足以让她战胜人生中所有的厄运和苦难！"

人生是一场面对种种困难的"漫长战役"。早一些让自己懂得痛苦和困难是人生平常的"待遇"，当挫折到来时，应该面对，而不是逃避，这样，你才能早一些坚强起来，成熟起来。以后的人生便会少一些悲哀气氛，多一些壮丽色彩。记住，只有顽强的人生才美丽，才精彩。

苏联作家奥斯特洛夫斯基在双眼失明的情况下，通过向人口述内容，完成了长篇小说《钢铁是怎样炼成的》；

美国女作家海伦·凯勒自幼双目失明，在莎莉文老师的教导下学会了盲文，长大后成长为一名社会活动家，积极到世界各地演讲，宣传助残，并完成了《假如给我三天光明》等14部著作；

当代著名女作家张海迪5岁因为意外事故造成高位截瘫，但仍坚持自学小学到大学课程，并精通多国语言。

……

虽然屡遭痛苦，却能够百折不挠地挺住，这就是成功的秘密。所以，你一定要学会坚强。有了坚强，才有了面对一切痛苦和挫折的能力。

霍金是谁？他是一个神话，一个当代最杰出的理论物理学家，一个科学名义下的巨人……或许，他只是一个坐着轮椅、挑战命运的勇士。

史蒂芬·霍金，出生于1942年1月8日，那一天刚好是伽利略逝世300年纪念日。

从童年时代起，运动从来就不是霍金的强项，几乎所有的球类运动他都不行。

进入牛津大学后，霍金注意到自己变得更笨拙了，有一两回没有任何原因地跌倒。一次，他不知何故从楼梯上突然跌下来，当即昏迷，差一点儿死去。

直到1962年霍金在剑桥读研究生后，他的母亲才注意到儿子的异常状况。刚过完20岁生日的霍金在医院里住了两个星期，经过各种各样的检查，他被确诊患上

了"卢伽雷氏病",即运动神经细胞萎缩症。

大夫对他说,他的身体会越来越不听使唤,只有心脏、肺和大脑还能运转,到最后,心和肺也会失效。霍金被"宣判"只剩两年的生命。那是在 1963 年。

霍金的病情渐渐加重。1970 年,在学术上声誉日隆的霍金已无法自己走动,他开始使用轮椅。直到今天,他再也没离开它。

永远坐进轮椅的霍金,极其顽强地工作和生活着。

一次,霍金坐轮椅回柏林公寓,过马路时被小汽车撞倒,左臂骨折,头被划破,缝了 13 针,但 48 小时后,他又回到办公室投入工作。

虽然身体的残疾日益严重,霍金却力图像普通人一样生活,完成自己所能做的任何事情。他甚至是活泼好动的——这听起来有点好笑，在他已经完全无法移动之后，他仍然坚持用唯一可以活动的手指驱动着轮椅在前往办公室的路上"横冲直撞"；在莫斯科的饭店中，他建议大家来跳舞，他在大厅里转动轮椅的身影真是一大奇景；当他与查尔斯王子会晤时，旋转自己的轮椅来炫耀，结果轧到了查尔斯王子的脚趾头。

当然，霍金也尝到过"自由"行动的恶果，这位量子引力的大师级人物，多次在微弱的地球引力左右下，跌下轮椅，幸运的是，每一次他都顽强地重新"站"起来。

1985 年，霍金动了一次穿气管手术，从此完全失去了说话的能力，只能用三个指头和外界交流——到目前更是只剩下眼皮了。他就是在这样的情况下，极其艰难地写出了著名的《时间简史》，探索着宇宙的起源。

霍金的科普著作《时间简史——从大爆炸到黑洞》在全世界的销量已经高达 2500 万册，从 1988 年出版以来一直雄踞畅销书榜，创下了畅销书的一个世界纪录。

霍金的故事告诉人们，是否具有不屈不挠的精神，或许是能否取得成就的最大因素。虽然大家都觉得他非常不幸，但他在科学上的成就却是他在病发后获得的。他凭着坚毅不屈的意志，战胜了疾病，创造了一个奇迹，也证明了残疾并非成功的障碍。

多一份磨砺，多一份强大

每个人都有梦想，也曾为之而努力过、奋斗过，但是很多人却因为没有一颗坚强的心和持之以恒的毅力，只能给自己的人生留下深深的遗憾。所以，我们要想成就一番事业，要想实现自己的梦想和追求，就必须努力为自己打造一颗坚强的心。

一个失意的年轻人，向哲人请教成功的秘诀。哲人递给他一颗花生说："用力搓它。"年轻人用力一搓，花生的壳碎了，剩下了花生仁。然后哲人叫他再搓搓它，结果红色的花生衣也被搓掉了，只剩下白白的果肉。哲人叫他再用力搓，年轻人迷惑不解，但还是照着做了。

可是，无论他如何用力，却怎么也搓不碎这粒花生仁。哲人还是叫他再搓搓它，结果仍然是徒劳无功。

最后，哲人语重心长地告诫年轻人："虽然屡受打击和磨难，失去了很多东西，但始终都要拥有一颗坚强不屈的心，这样才有美梦成真的希望。"

对于一个人来说，最有用的财富不是金钱名利，也不是人际资源，而是一颗坚强的心。

一个农民，初中只读了两年，家里就没钱继续供他上学了。他辍学回家，帮父亲耕种三亩薄田。在他19岁时，父亲去世了，家庭的重担全部压在了他的肩上。他要照顾身体不好的母亲和瘫痪在床的祖母。

20世纪80年代，农田承包到户。他把一块水洼挖成池塘，想养鱼。但乡里的干部告诉他，水塘不能养鱼，只能种庄稼，他只好又把水塘填平。这件事成了一个笑话——在别人的眼里，他是一个想发财但又非常愚蠢的人。

听说养鸡能赚钱，他向亲戚借了500元钱，养起了鸡。但是一场洪水后，鸡得了鸡瘟，几天内全部死光。500元对别人来说可能不算什么，但对一个只靠三亩薄田生活的家庭而言，不啻天文数字。他的母亲受不了这个刺激，竟然忧郁而死。

他后来酿过酒，捕过鱼，甚至还在石矿的悬崖上帮人打过炮眼……可都没有赚到钱。

35岁的时候，他还没有娶到媳妇。即使是离异的有孩子的女人也看不上他。因为他只有一间土屋，随时有可能在一场大雨后倒塌。娶不上老婆的男人，在农村是没有人看得起的。

但他还想搏一搏，就四处借钱买了一辆手扶拖拉机。不料，上路不到半个月，这辆拖拉机就载着他冲入一条河里。他断了一条腿，成了瘸子。而那拖拉机，被人捞起来，已经支离破碎，他只能拆开它，当作废铁卖。

几乎所有的人都说他这辈子完了。但是后来他却成了南方一个大城市里的一家大公司的老板，手中有数亿元的资产。

现在，许多人知道了他苦难的过去和富有传奇色彩的创业经历。许多媒体采访过他，许多报告文学描述过他。其中一个访谈令人印象深刻：

记者问他："在苦难的日子里，你凭什么一次又一次毫不退缩？"

他坐在宽大豪华的老板台后面，喝完了手里的一杯水。然后，他把玻璃杯子握在手里，反问记者："如果我松手，这只杯子会怎样？"

记者说："杯子摔在地上，肯定要碎了。"

"那我们试试看。"他说。

他手一松，杯子掉到地上发出清脆的声音，但并没有破碎，完好无损。

他说："即使有10个人在场，他们都会认为这只杯子必碎无疑。但是，这只杯子不是普通的玻璃杯，而是用玻璃钢制作的。我之所以能战胜苦难，就因为我有一颗坚强的心。"

这样的人，即使只有一口气，他也会努力去拉住成功的手。如果他不能成功，那么还有谁能成功呢？

每个人的心中都有一个梦想和追求，也曾为之而努力过、奋斗过，但是很多人却因为没有一颗坚强的心和持之以恒的毅力，便半途而废，只能给自己的人生留下深深的遗憾。所以，我们要想成就一番事业，要想实现自己的梦想和追求，就必须努力为自己打造一颗坚强的心。不管通向成功的道路是阳光灿烂，还是风雨兼程，我们都要始终保持这颗坚强的心，不得有半点的懈怠和屈服。相信吧，阳光总在风雨后，经历了风风雨雨、大风大浪、坎坎坷坷之后，再回味自己来之不易的成功的时候，那一定是人世间最幸福的时刻。

拒做呻吟的海鸥，勇做积极的海燕

相信，很多读者都对苏联著名作家高尔基所著的《海燕》一文有着深刻的印象：

在苍茫的大海上，狂风卷集着乌云。在乌云和大海之间，海燕像黑色的闪电，在高傲地飞翔。一会儿翅膀碰着波浪，一会儿箭一般地直冲向乌云，它叫喊着，——就在这鸟儿勇敢的叫喊声里，乌云听出了欢乐。海鸥在暴风雨来临之前呻吟着，——呻吟着，它们在大海上飞窜，想把自己对暴风雨的恐惧，掩藏到大海深处。

海鸥也在呻吟着，——它们这些海鸥啊，享受不了生活的战斗的欢乐，轰隆隆的雷声就把它们吓坏了。蠢笨的企鹅，胆怯地把肥胖的身体躲藏在悬崖底下……只有那高傲的海燕，勇敢地，自由自在地，在泛起白沫的大海上飞翔……

而人类，也有海燕、海鸥、企鹅等类型。有人在困境的打击下，像海燕一样无所畏惧，积极地奋起抗争；有的人在困境的打击下，只会独自呻吟，丧失了一切勇气；有的人在困境的打击下，蜷缩在角落里，不敢去面对外面的一切……面对困境，是像海燕一样积极搏击，还是一味地"独自呻吟""蜷缩在角落里"，决定了你的人生境遇。

在19世纪50年代的美国,有一天,黑人家里的一个10岁的小女孩被母亲派到磨坊里向种植园主索要50美分。

园主放下自己的工作,看着那黑人小女孩敬而远之地站在那里,便问道:"你有什么事情吗?"黑人小女孩没有移动脚步,怯怯地回答说:"我妈妈说想要50美分。"

园主怒气冲冲地说:"我绝不给你!你快滚回家去吧,不然我用锁锁住你。"说完继续做自己的工作。

过了一会儿,他抬头看到黑人小女孩仍然站在那儿不走,便掀起一块桶板向她挥舞道:"如果你再不滚开的话,我就用这块桶板教训你。好吧,趁现在我还……"话未说完,那黑人小女孩突然像箭镞一样冲到他前面,毫不畏惧地扬起脸来,用尽全身气力向他大喊:"我妈妈想要50美分!"

慢慢地,园主将桶板放了下来,手伸向口袋里摸出50美分给了那个黑人小女孩。她一把抓过钱去,便像小鹿一样推门跑了。园主目瞪口呆地站在那儿回顾这奇怪的经历——一个黑人小女孩竟然毫无惧色地面对自己,并且镇住了自己,在这之前,整个种植园里的黑人们似乎连想都不敢想。

小女孩的勇敢让她最终得到了她妈妈需要的50美分。如果她也像海鸥一样,面对困难只会呻吟,那么她也会跟其他的黑人那样,不敢忤逆园主,当然更不可能提要钱的事了。所以不管遇到什么困难,我们都要做积极勇敢的海燕,不做呻吟的海鸥。

纵使平凡,也不要平庸

平凡与平庸是两种截然不同的生活状态:前者如一颗使用中的螺丝钉,虽不起眼,却真真切切地发挥着作用,实现着价值;后者就像废弃的钉子,身处机器运转之外,无心也无力参与机器的运作。

平凡者纵使渺小却挖掘着自己生命的全部能量,平庸者却甘居无人发现的角落不肯露头。虽无惊天伟绩但物尽其用、人尽其能,这叫平凡;有能力发挥却自掩才华,自甘埋没,这叫平庸。

世间生命多种多样,有天上飞的,有水中游的,有陆上爬的,有山中走的;所有生命,都在时间与空间之流中兜兜转转。生命,总以其多彩多姿的形态展现着各自的意义和价值。

"生命的价值,是以一己之生命,带动无限生命的奋起、活跃。"智慧禅光在众生头顶照耀,生命在闪光中见出灿烂,在平凡中见真实。所以,所有的生命都应该得到祝福。

"若生命是一朵花就应自然地开放,散发一缕芬芳于人间;若生命是一棵草就应自然地生长,不因是一棵草而自卑自叹;若生命好比一只蝶,何不翩翩飞舞?"芸芸众生,既不是翻江倒海的蛟龙,也不是称霸林中的雄狮,我们在苦海里颠簸,在丛林中避险,平凡得像是海中的一滴水、林中的一片叶。海滩上,这一粒沙与那一粒沙的区别你可否能看出?旷野里,这一堆黄土和那一堆黄土的差异你是否能道明?

每个生命都很平凡,但每个生命都不卑微,所以,真正的智者不会让自己的生命陨落在无休无止的自怨自艾中,也不会甘于身心的平庸。

你可见过在悬崖峭壁上卓然屹立的松树?它深深地扎根于岩缝之中,努力舒展着自己的躯干,任凭阳光暴晒,风吹雨打,在残酷的环境中它始终保持着昂扬的斗志和积极的姿态。或许,它很平凡,只是一棵树而已,但是它并不平庸,它努力地保持着自己生命的傲然姿态。

有这样一个寓言让我们懂得:每个生命都不卑微,都是大千世界中不可或缺的一环,都在自己的位置上发挥着自己的作用。

一只老鼠掉进了一只桶里,怎么也出不来。老鼠吱吱地叫着,它发出了哀鸣,可是谁也听不见。可怜的老鼠心想,这只桶大概就是自己的坟墓了。正在这时,一只大象经过桶边,用鼻子把老鼠吊了出来。

"谢谢你,大象。你救了我的命,我希望能报答你。"

大象笑着说:"你准备怎么报答我呢?你不过是一只小小的老鼠。"

过了一些日子,大象不幸被猎人捉住了。猎人用绳子把大象捆了起来,准备等天亮后运走。大象伤心地躺在地上,无论怎么挣扎,也无法把绳子扯断。

突然,小老鼠出现了。它开始咬着绳子,终于在天亮前咬断了绳子,替大象松了绑。

大象感激地说:"谢谢你救了我的性命!你真的很强大!"

"不,其实我只是一只小小的老鼠。"小老鼠平静地回答。

每个生命都有自己绽放光彩的刹那,即使一只小小的老鼠,也能够拯救比自己体形大很多的大象。故事中的这只老鼠正是星云大师所说的"有道者",一个真正有道的人,即使别人看不起他,把他看成是卑贱的人,他也不受影响,因为他知道自己的人格、道德,不一定要求别人来了解、来重视。他依然会在自我的生命之旅中将智慧的种子撒播到世间各处。

有人说:"平凡的人虽然不一定能成就一番惊天动地的大事业,但对他自己而言,能在生命过程中把自己点燃,即使自己是根小火柴,只能发出微微火星也就足够了;平庸的人也许是一大捆火药,但他没有找到自己的引线,在忙忙碌碌中消沉下去,变成了一堆哑药。"

也许你只是一朵残缺的花,只是一片熬过旱季的叶子,或是一张简单的纸、一块无奇的布,也许你只是时间长河中一个匆匆而逝的过客,不会吸引人们半点的目光和惊叹,但只要你拥有积极的心态,并将自己的长处发挥到极致,就会成为成功驾驭生活的勇士。

把自己"逼"上巅峰

把自己"逼"上巅峰,首先要给自己一片没有后路的悬崖,这样才能发挥出自己最大的能力。力挽狂澜的秘密就在于此。

中国有句成语叫"背水一战"。它的意思是背靠江河作战，没有退路，我们常常用它来比喻决一死战。背水一战，其实就是把自己的后路斩断，以此将自己逼上"巅峰"。这个成语源于《史记·淮阴侯列传》，这个典故对于处于苦境中的人来说，至今仍有着启示意义。

韩信是汉王刘邦手下的大将，为了打败项羽，夺取天下，他为刘邦定计，先攻取了关中，然后东渡黄河，打败并俘虏了背叛刘邦、听命于项羽的魏王豹，接着韩信开始往东攻打赵王歇。

在攻打赵王时，韩信的部队要通过一道极狭窄的山口，叫井陉口。赵王手下的谋士李左车主张一面堵住井陉口，一面派兵抄小路切断汉军的辎重，这样韩信小数量的远征部队没有后援，就一定会败走。但大将陈余不听，仗着兵力优势，坚持要与汉军正面作战。韩信了解到这一情况，不免对战况有些担心，但他同时心生一计。他命令部队在离井陉30里的地方安营，到了半夜，让将士们吃些点心，告诉他们打了胜仗再吃饱饭。随后，他派出两千轻骑从小路隐蔽前进，要他们在赵军离开营地后迅速冲入赵军营地，换上汉军旗号；又派一万军队故意背靠河水排列阵势来引诱赵军。

到了天明，韩信率军发动进攻，双方展开激战。不一会儿，汉军假意败回水边阵地，赵军全部离开营地，前来追击。这时，韩信命令主力部队出击，背水结阵的士兵因为没有退路，也回身猛扑敌军。赵军无法取胜，正要回营，忽然营中已插遍了汉军旗帜，于是四散奔逃。汉军乘胜追击，以少胜多，打了一个大胜仗。

在庆祝胜利的时候,将领们问韩信:"兵法上说,列阵可以背靠山,前面可以临水泽,现在您让我们背靠水列阵,还说打败赵军再饱饱地吃一顿,我们当时不相信,然而最后竟然取胜了,这是一种什么策略呢?"

韩信笑着说:"这也是兵法上有的,只是你们没有注意到罢了。兵法上不是说陷之死地而后生,置之亡地而后存吗?如果是有退路的地方,士兵都逃散了,怎么能让他们拼死一搏呢!"

所以在生活中,当我们遇到困难与绝境时,我们也应该如兵法中所说那样"置之死地而后生",要有背水一战的勇气与决心,这样才能发挥自己最大的能力,将自己逼上生命的巅峰。在这种情况下,事情往往会出现极大的转机。

给自己一片没有退路的悬崖,把自己"逼"上巅峰,从某种意义上说,是给自己一个向生命高地冲锋的机会。如果我们想改变自己的现状,改变自己的命运,那么首先应该改变自己的心态。只要有背水一战的勇气与决心,我们一定能突破重重障碍,走出绝境。

所以我们要保持这样的心态,在使自己处于不断积极进取的状态时,形成自信、自爱、坚强等品质,这些品质可以让你的能力源源涌出。你若是想改变自己的处境,那么就改变自己身心所处的状态,勇敢地向命运挑战。一旦你决心背水一战,拼死一搏,你便可以把你蕴藏的无限潜能充分发挥出来,让自己创造奇迹,做出令人瞩目的成绩,登上命运的巅峰。

第三章 我不知道谁的成功是偶然的

果断出手，莫对机会欲说还"羞"

令人筋疲力尽的并不是要做的事本身，而是事前事后患得患失的心态。一个失败者的最大特征就是顾虑再三，犹豫不决。

伟大的作家雨果说过："最擅长偷时间的小偷就是迟疑，它还会偷去你口袋中的金钱和成功。"虽然我们没有100%的把握保证每一次决定都能获得成功，但是现实的情况就是等待不如决断。所以，在机会转瞬即逝的当代社会，等待就意味着"放弃"，成功者宁愿"立即失败"，也不愿犹豫不决。SAP公司的CEO普拉特纳曾经说过这么一句话："我宁可做6个正确决定和4个错误决定，也不要犹豫等待。"

当恺撒大帝来到意大利的边境卢比孔河时，看似神圣而不可侵犯的卢比孔河使他的信心有所动摇。他想到，如果没有参议院的批准，任何一名将军都不允许侵略一个国家。此时他的选择只有两种——"要么毁灭我自己，要么毁灭我的国家"，最后他毅然做出决定,喊着:"不要惧怕死亡!"带头跳入了卢比孔河。就是因为这一时刻的决定,世界历史随之而改变。

所以,获得成功的最有力的办法,是迅速做出该怎么做一件事的决定。排除一切干扰因素,而且一旦做出决定,就不要再继续犹豫不决,以免我们的决定受到影响。有的时候犹豫就意味着失去。

古希腊有一位哲学家,饱读经书,富有才情,很多女人迷恋他。一天,一个女子来敲他的门,说:"让我做你的妻子吧!错过我,你将再也找不到比我更爱你的女人了!"哲学家虽然也很喜欢她,却回答说:"让我考虑考虑!"

哲学家犹豫了很久,终于下定决心娶那位女子。哲学家来到女人的家中,问女人的父亲:"你的女儿呢?请你告诉她,我考虑清楚了,我决定娶她为妻!"女人的父亲冷漠地回答:"你晚来了10年,我女儿现在已经是3个孩子的妈了!"

哲学家听了,几乎崩溃。后来,哲学家抑郁成疾。临终,他将自己所有的著作丢入火堆,只留下一句对人生的批注——下一次,我绝不犹豫!

所以,面对选择,一定要迅速做出决断,哪怕做出错误的选择也好过犹犹豫豫。因为,机会一旦错过了,是不会再有的。

有一个小男孩,一天在外面玩耍时,发现一只不会飞的小麻雀,决定把小麻雀带回家喂养,但是想起应该先和爸爸说一声,取得他的同意。于是他想了想,决定先去找爸爸。

爸爸一听就同意了,可是等小男孩回来的时候,一只黑猫正好把地上的麻雀叼走吃了。小男孩伤心不已，暗暗下定决心：只要是自己认定的事情，决不优柔寡断。后来这位小男孩成了电脑名人，他就是王安博士。

人生的道路上，许多机会都是转瞬即逝的。机会不会等人，如果犹豫不决，很可能会失去很多成功的机遇。

犹豫拖延的人没有必胜的信念，也不会有人信任他们。果断积极的人就不一样，他们是世界的主宰。放眼古今中外，能成大事者都是当机立断之人，他们能快速做出决定，并迅速执行。

在确定圣彼得堡和莫斯科之间的铁路线时，总工程师尼古拉斯拿出了一把尺子，在起点和终点之间画了一条直线，然后用不容辩驳的语气斩钉截铁地宣布："你们必须这样铺设铁路。"于是，铁路线就这样确定了。

纵观历史，成功者比别人果断，比别人迅速，较别人敢于冒险。因此，能把握更多的机会，所以往往成为成功者。实际上，一个人如果总是优柔寡断，犹豫不决，或者总在毫无意义地思考自己的选择，一旦有了新的情况就轻易改变自己的决定，这样的人成就不了任何事，只能羡慕别人的成功，在后悔中度过一生！

机会女神只青睐那些有准备的头脑

天下没有免费的午餐，机遇总是偏爱那些有准备的人。这两句话并不矛盾，所有的机会都是公平的，但并不表示所有人把握机会的概率是相同的，有准备的人自然是概率大很多。

在西方流传着这样一个故事：

许多年前，一位聪明的国王召集了一群聪明的臣子，给了他们一个任务："我要你们编一本各时代的智慧录，好流传给子孙。"这些聪明人离开国王后，工作了很长一段时间，最后完成了一本十二卷的巨作。

国王看了以后说："各位先生，我确信这是各时代的智慧结晶，然而，它太厚了，我怕人们不会读，把它浓缩一下吧。"这些聪明人又长期努力地工作，几经删减之后，完成了一卷书。然而，国王还是认为太长了，又命令他们再次浓缩，这些聪明人把一卷书浓缩为一章，又浓缩为一页，然后减为一段，最后变为一句话。

国王看到这句话后，显得很得意。"各位先生，"他说，"这真是各时代智慧的结晶，并且各地的人一旦知道这个真理，我们大部分的问题就可以解决了。"

这句话就是："天下没有白吃的午餐。"

第一个进入太空的中国人杨利伟，为什么那么幸运？听听他的话我们就能明白："现在我一闭上眼睛，座舱里所有仪表、电门的位置都能想得清清楚楚；随便说出舱里的一个设备名称，我马上可以想到它的颜色、位置、作用；操作时要求看的操作手册，我都能背诵下来，如果遇到特殊情况，我不看手册，也完全能处理好。"如果不是经过魔鬼训练的重重考验，他怎么能在众多的后备人选中把握住这个机会呢?

我们中国人做事讲究"天时、地利、人和",充分的准备用现在的话来说,不外乎这些因素:

1. 创新意识

机遇是意外的、异常的,因而用常规方法抓住机遇是很困难的,这就需要有创新意识,能不断寻求新的对策和方法。

2. 判断力

在人们发现的机遇中,并不是每一个意外情况都有价值,都值得探索,都有成功的希望。这就需要准确判断,从各种机遇中抓住有希望的线索,抓住有价值、有潜在意义的线索。这一点对于确定是否进一步追究机遇所提供的线索有决定性意义。

3. 观察力

具有敏锐的观察力,才能及时捕捉到看起来微不足道的偶然事件。

4. 事业心

只有把自己的思想和行为与事业紧密相连的人,才有可能把机遇与发展事业、搞好工作联系起来,为了事业而刻意求索。头脑的准备,不仅是心理、意识的准备,而且包括经验和知识的准备。因为处理机遇很难像一般事务那样有计划、有目的、有步骤,主要是凭自身的经验、知识的积累进行决策,因此你必须有丰富的经验、渊博的知识与合理的知识结构,这样,在机遇出现时,才能触类旁通,引起注意,努力思考,做出判断。现代社会竞争日趋激烈，一个机遇往往被几个人同时捕捉。在这种情况下，究竟谁能把捕捉到的机遇利用起来，这就要取决于实力的对比和竞争了。要取得随机决策的成功，机会和实力两个条件缺一不可。"机遇只偏爱有准备的头脑"，这是一句早为人们所熟稔的名言，其中所包含的朴素真理一次次为实践所证实。要想牢牢抓住机遇，就为机遇的来临做好准备吧。

无限风光在险峰

并不是每一个机会都是带着桂冠来到我们身边的，有些机遇往往戴着危险的面罩，然而很多只看表面的人望而却步。那些善于思考的人，往往能变"危机"为"良机"。

据有关媒体报道，2009年，经济危机的影响将全面来临。与1873年、1929年的经济危机不同的是，1873年只是美国国内的经济危机，1929则是西方国家的经济危机，而2009年，是全球性的经济危机。

危机来临，股票狂跌、市场疲软、无数企业倒闭、工人失业、大学生就业困难，人们的生活陷入了混乱之中。但是，当危机肆虐的时候，难道我们就没有应对它的法宝了吗？答案是否定的。

从"危机"一词的组合中我们可以看出：危险中往往蕴藏着新的机会。那些善于思考的人，往往能变"危机"为"良机"。

这里有三个故事，也许会给今天面临经济危机的我们一些启发。

第一个故事：

从前有一座名城最繁华的街市失火，火势迅猛蔓延，数以万计的房屋商铺在一片火海之中顷刻之间化为废墟。有一位富商苦心经营了大半生的几间当铺和珠宝店，也恰在那条街市中。火势越来越猛，他大半辈子的心血眼看毁于一旦，但是他并没有让伙计和奴仆冲进火海，舍命抢救珠宝财物，而是不慌不忙地指挥他们迅速撤离，一副听天由命的神态，这令众人大感不解。然后他不动声色地派人从家乡河流的沿岸平价购回大量木材、石灰。当这些材料像小山一样堆起来的时候，他又归于沉寂，整天逍遥自在，好像失火压根儿与他毫不相干。

大火烧了数十日之后被扑灭了，但是曾经车水马龙的城市，大半已经是墙倒房塌，一片狼藉。不几日，宫廷颁旨：重建这座城市，凡销售建筑用材者一律免税。于是城内一时大兴土木，建筑用材供不应求，价格陡涨。这个商人趁机抛售建材，获利颇丰，其数额远远大于被火灾焚毁的财产。

第二个故事：

有位经营肉食品的老板，在报纸上看到这么一则毫不起眼的消息：墨西哥发生类似瘟疫的流行病。他立即想到墨西哥瘟疫一旦流行起来，一定会传到美国，而与墨西哥相邻的两个州是美国肉食品的主要供应基地。

如果发生瘟疫，肉类食品供应必然紧张，肉价定会飞涨。于是他先派人去墨西哥探得实情后，立即调集大量资金购买大批肉牛和肉猪饲养起来。过了不久，墨西哥的瘟疫果然传到了美国这两个州，市场肉价立即飞涨。时机成熟了，他大量售出肉牛和肉猪，净赚百万美元。

第三个故事：

19世纪美国加州发现金矿的消息使得数百万人涌向那里淘金。17岁的小女孩雅木尔也加入了这个行列。一时间加州的淘金者面临着水源奇缺的威胁。人们大多数都没有淘到金，小雅木尔也未淘到金。可细心的小雅木尔却发现，远处的山上有水。她在山脚下挖开引渠，积水成塘，然后，她将水装进小桶里，每天跑几十里路卖水，不再去淘金，做没有成本的买卖，生意极好，可淘金者当中有不少人嘲笑她。许多年过去了，大部分淘金者空手而归，而雅木尔却获得了6700万美元，成为当时很富有的人。

任何危机都蕴藏着新的机会，这是一条颠扑不破的人生真理。很多时候看起来毫无价值的信息，在会思考的人心中就是一个好机会。受苦的人会把不幸当成人生的痛苦，而积极向上的人总是能把苦难当成自己飞得更高的财富。

挑战自我，多给自己一个机会

美西战争爆发之时，美国总统必须马上与古巴的起义军将领加西亚取得联络。加西亚在古巴的大山里——没有人知道他的确切位置，可美国总统必须尽快得到他的合作。

有什么办法呢？

有人对总统说："如果有人能够找到加西亚的话，那么这个人一定是罗文。"于是总统把罗文找来，交给他一封写给加西亚将军的信。至于罗文中尉如何拿了信，用油纸袋包装好，上了封，放在胸口藏好；如何坐了四天的船到达古巴，再经过三个星期，徒步穿过这个危机四伏的岛国，终于把那封信送给加西亚——这些细节都不重要。

重要的是，美国总统把一封写给加西亚的信交给罗文，罗文接过信之后并没有问："他在什么地方？"

像罗文中尉这样的人，值得拥有一尊塑像，放在所有的大学里。太多人所需要的不仅仅是从书本上学来的知识，也不仅仅是他人的一些教诲，而是要铸就一种精神：积极主动、全力以赴地完成任务——"把信送给加西亚"。

阿尔伯特·哈伯德所写的《把信送给加西亚》一书首次发表是在1899年，随后就风靡了整个世界。不仅是因为每一个领导都喜欢罗文这样的下属，更因为每一个人都从心底佩服罗文，佩服这个主动挑战任务的人。现代企业,迫切需要罗文,需要具有责任心和自动自发精神的好员工!而我们的人生,也同样渴望罗文精神。

彼得和查理一起进入一家快餐店,当上了服务员。他俩的年龄一样,也拿着同样的薪水,可是工作时间不长,彼得就得到了老板的褒奖,很快被加薪,而查理仍然在原地踏步。面对查理和周围人士的牢骚与不解,老板让他们站在一旁,看看彼得是如何完成服务工作的。在冷饮柜台前,顾客走过来要一杯麦乳混合饮料。

彼得微笑着对顾客说:"先生,你愿意在饮料中加入一个还是两个鸡蛋呢?"

顾客说:"哦,一个就够了。"

这样快餐店就多卖出一个鸡蛋。在麦乳饮料中加一个鸡蛋通常是要额外收钱的。

看完彼得的工作后,经理说道:"据我观察,我们大多数服务员是这样提问的:先生,你愿意在你的饮料中加一个鸡蛋吗?而这时顾客的回答通常是:哦,不,谢谢。对于一个能够在工作中主动解决问题、主动完善自身的员工,我没有理由不给他加薪。"

其实这个道理很简单:比别人多努力一些、多思考一些,就会拥有更多的机会。

对很多人来说,每天的工作可能是一种负担、一项不得不完成的任务,他们并没有做到工作所要求的那么多、那么好。对每一个企业和老板而言,他们需要的绝不是那种仅仅遵守纪律、循规蹈矩，却缺乏热情和责任感，不够积极主动、自动自发的人。

工作需要自动自发，而那些整天抱怨工作的人，是永远都不会"把信送给加西亚"的，他们或者出发前就胆怯了；或者遇到苦难而中途放弃；或者弄丢了这封重要的信，害怕惩罚而逃走；或者被敌人发现，背叛写信人。这样的人是非常狭隘的，他的人生又能有多广阔？

其实，我们每个人都可以把自己的目标当成一次"把信送给加西亚"的任务，这是一次挑战自己的机会，也是实现自我、突破自己的机会。

机遇没有彩排，只有直播

许多人坐等机会，希望好运从天而降，这些人往往难成大事。成功者积极准备，一旦机会降临，便能牢牢地把握。机遇对于每个人来说，没有彩排，只有直播，你没有把握住的话，只能等着自己出丑。

当机遇到来时，如果你没有提前为机会做好准备，就会将它习惯性地丢掉，与它失之交臂。生活中不是机遇少，只是我们对机遇视而不见。

这就和许多发明创造一样，看起来是偶然，其实那些发现和发明并非偶然得来的，更不是什么灵机一动或运气极佳。事实上，在大多数情形下，这些在常人

看来纯属偶然的事件，不过是从事该项研究的人长期苦思冥想的结果。

人们常常引用苹果砸在牛顿的脑袋上，导致他发现万有引力定律这一例子，来说明所谓纯粹偶然事件在发现中的巨大作用。但人们却忽视了，多年来，牛顿一直在为重力问题苦苦思索、研究这一现象的艰辛过程。苹果落地这一常见的日常生活现象之所以为常人所不在意，而能激起牛顿对重力问题的理解，能激起他灵感的火花并进一步做出异常深刻的解释，这是因为牛顿对重力问题有深刻的理解的结果。生活中，成千上万个苹果从树上掉下来，却很少有人能像牛顿那样引发出深刻的定律出来。

同样，从普通烟斗里冒出来的五光十色像肥皂泡一样的小泡泡，这在常人眼里就跟空气一样普通，但正是这一现象使杨格博士创立了著名的光干扰原理，并由此发现了光衍射现象。

人们总认为伟大的发明家总是论及一些十分伟大的事件或奥秘，其实像牛顿和杨格以及其他许多科学家，他们都是研究一些极普通的现象。他们的过人之处在于能从这些人所共见的普遍现象中揭示其内在的、本质的联系，而这些都是凭着他们的全力以赴钻研得来的。只有这样为机遇做好了充分的准备，才能发现机遇，进而更好地抓住机遇。

所罗门说过："智者的眼睛长在头上，而愚者的眼睛是长在脊背上的。"心灵比眼睛看到的东西更多。有些人走上成功之路，不乏来自偶然的机遇。然而就他们本身来说，他们确实具备了获

得成功机遇的才能。

好运气更偏爱那些努力工作的人。没有充分的准备和大量的汗水，机会就会眼睁睁地从身边溜走。对于机遇，它意味着需要你忍受无法忍受的艰苦和穷困，以及献身工作的漫漫长夜。只有为所从事的工作有充分的准备时，机会才会来临。

拿破仑·希尔说，任何人只要能够定下一个明确的目标，坚守这个目标，时时刻刻把这个目标记在心中，那么，必然会获得意想不到的结果。

在日常生活中，常常会发生各种各样的事，有些事使人大吃一惊，有些事却毫无惊人之处。一般而言，使人大吃一惊的事会使人倍加关注，而平淡无奇的事往往不被人所注意，但它却可能包含着重要的意义。一个有敏锐洞察力的人，他会独具慧眼，留心周围小事的重要意义。人们也不能把目光完全局限于"小事"上，而是要"小中见大""见微知著"。只有这样，才能有更多发现机遇的机会。

我们应当随时为机遇做好热身，努力向着自己的目标奋斗，为目标准备，才能够在机会来临的时候大显身手，否则在机会来临的时候自己手忙脚乱，或者不知所措，只能让机会白白地从身边溜走。人不能躺在那里等待机遇，只有事先做好充分的准备，在机遇来临时才有可能抓住机遇，获得成功。

吃得苦中苦，方为人上人

人生的痛苦永远多于快乐。一个人的降生就意味着痛苦的开始，而一个人生命的结束，则是痛苦的终结。人的一生，就是不断地与痛苦抗争的过程。人生的意义，就在于从与痛苦的抗争中寻找少许的欢乐。

现在，很多人活得很累，过得也不快乐。其实，人只要生活在这个世界上，就有很多烦恼。痛苦或是快乐，取决于你的内心。人不是战胜痛苦的强者，便是屈服于痛苦的弱者。再重的担子，笑着也是挑，哭着也是挑。再不顺的生活，微笑着撑过去了，就是胜利。

人生没有痛苦，就会不堪一击。正是因为有痛苦，所以成功才那么美丽动人；因为有灾患，所以欢乐才那么令人喜悦；因为有饥饿，所以佳肴才让人觉得那么甜美。正是因为有痛苦的存在，才能激发我们人生的力量，使我们的意志更加坚强。

瓜熟才能蒂落，水到才能渠成。和飞蛾一样，人的成长必须经历痛苦的挣扎，直到双翅强壮后，才可以振翅高飞。

人生若没有苦难，我们会骄傲；没有挫折，成功不再有喜悦，更得不到成就感；没有沧桑，我们不会有同情心。因此，不要幻想生活总是那么圆满，生活的四季不可能只有春天。每个人的一生都注定要跋涉沟沟坎坎，品尝苦涩与无奈，经历挫折和失意。痛苦，是人生必须经历的一课。

因此，在漫长的人生旅途中，苦难并不可怕，受挫折也无须忧伤。只要心中的信念没有萎缩，你的人生旅途就不会中断。艰难险阻是人生对你的另一种形式的馈赠，坑坑洼洼也是对你的意志的磨炼和考验——大海如果缺少了汹涌的巨浪，就会失去其雄浑；沙漠如果缺少了狂舞的飞沙，就会失去其壮观；如果维纳斯没有断臂，那么就不会因为残缺美而闻名天下。生活如果都是两点一线般地顺利，就会如白开水一样平淡无味。只有酸甜苦辣咸五味俱全才是生活的全部，只有悲喜哀痛七情六欲全部经历才算是完整的人生……

所以，你要从现在开始，微笑着面对生活，不要抱怨生活给了你太多的磨难，不要抱怨生活中有太多的曲折，更不要抱怨生活中存在的不公。当你走过世间的繁华与喧嚣，阅尽世事，你会明白：痛苦，是人生必须经历的过程！

敢于冒险的人生有无限可能

其实人世间好多事情，只要敢做，多少会有收获。尤其是在困境中，如果能拿出视死如归的勇气，必能化险为夷，任何困难都将迎刃而解。

在非洲的塞伦盖蒂大草原上，每年夏天，上百万头角马从干旱的塞伦盖蒂北上迁移到马赛马拉的湿地，这群角马正是大迁移的一部分成员。

在这艰辛的长途跋涉中,格鲁美地河是唯一的水源。这条河与迁移路线相交,对角马群来说既是生命的希望,又是死亡的象征。因为角马必须靠喝河水维持生命,但是河水还滋养着其他生命,例如灌木、大树和两岸的青草,而灌木丛还是猛兽藏身的理想场所。冒着炎炎烈日,口渴的角马群终于来到了河边,狮子突然从河边冲出,将角马扑倒在地。角马群扬起遮天的尘土,挡住了离狮子最近的那些角马的视线,一场厮杀在所难免。

在河流缓慢的地方,又有许多鳄鱼藏在水下,静候角马到来。有时湍急的河水本身就是一种危险。角马群巨大的冲击力将领头的角马挤入激流,它们若不是淹死,就是丧生于鳄鱼之口。

这天,角马们来到一处适于饮水的河边,它们似乎对这些可怕的危险了如指掌。领头的角马慢慢地走向河岸,每头角马都犹犹豫豫地走几步,嗅一嗅,叫一声,又不约而同地退回来,进进退退像跳舞一般。它们身后的角马群闻到了水的气息,一齐向前挤来,慢慢将"头马"们向水中挤去,不管它们是否情愿。角马群已经有很长时间没饮过水,你甚至能感觉到它们的绝望,然而舞蹈仍然继续着。

过了三个小时,终于有一头小角马"脱群而出",开始饮水。为什么它敢于走入水中,是因为年幼无知,还是因为渴得受不了?那些大角马仍然惊恐地止步不前,直到角马群将它们挤到水里,才有一些角马喝起水来。不久,角马群将一头角马挤到了深水处，它恐慌起来，进而引发了角马群的一阵骚乱。然后它们迅速地从河中退出，回到迁移的路上。只有那些勇敢地站在最前面的角马才喝到了水，大部分角马或是由于害怕，或是无法挤出重围，只得继续忍受干渴。每天两次，角马群来到河边，一遍又一遍地重复着这个仪式。一天下午，一小群角马站在悬崖上俯视着下面的河水，向上游走100米就是平地，它们从那里很容易到达河边。但是它们宁可站在悬崖上痛苦地叫，却不肯向着目标前进。

生活中的你是否也像角马一样？是什么让你藏在人群之中，忍受着对成功之水的渴望？是对未知的恐惧，害怕潜藏的危险？还是你安于平庸的生活，放弃了追求？大多数人只肯远远地看着别人成功，自己却忍受干渴的煎熬。不要让恐惧阻挡你的前进，不要等待别人推动你前进。只有勇于冒险的人才可能成功。要知道，成就和风险是成正比的。世界上很少有报酬丰厚却不要承担任何责任的便宜事。怕担风险，只会让自己和成功无缘。

苹果电脑公司是闻名世界的企业。大家只知乔布斯是苹果电脑创办人，其实30年前，他是与两位朋友一起创业的，其中一名叫惠恩的搭档，人称美国最没眼光的合伙人。

惠恩和乔布斯是街坊，大家都爱玩电脑，两个人与另一个朋友合作，制造微型电脑出售。这是又赚钱又好玩的生意，三个人十分投入，并且成功制造出"苹果一号"电脑。在筹备过程中，用了很多钱。这三位青年来自中下阶层家庭，根本没有什么资本可言，大家四处借贷，请求朋友帮忙，惠恩只筹得1/10的资本。

不过，乔布斯没有怨言，仍成立了苹果电脑公司，惠恩也成为小股东，拥有 1/10 的股份。

"苹果一号"以 660 美元出售，原本以为只能卖出一二十台，岂料大受市场欢迎，总共售出 150 台，收入近 10 万美元，扣除成本及债务，赚了 4.8 万美元，惠恩只分得 4800 美元，但当时已是一笔丰厚的回报。不过，惠恩没有收到这笔红利，只是象征性地拿了 500 美元作为工资，甚至连那 1/10 的股份也不要了，急于退出苹果电脑。

苹果电脑后来发展成超级企业，如果惠恩当年就算什么也不做，单单继续持有那 1/10 的股权，今时今日，应该有 8 亿~10 亿美元的身价。事实上，乔布斯的另一位搭档，也是凭股份成为亿万富翁的。

为什么惠恩当年愿意放弃一切？原来他很怕乔布斯，因为对方太有野心了。后来他向传媒说："为什么我要马上离开苹果公司，要回 500 美元就算了？因为我怕乔布斯太过激进，日后可能会令公司负上巨额债项，那时我也要替公司负上 1/10 的责任！"转念间，惠恩终生与财富绝缘。

其实人世间好多事情，只要敢做，多少会有收获。尤其是在困境中，如果能拿出视死如归的勇气，必能化险为夷，任何困难都将迎刃而解。

勇气是人生的发动机，勇气能创造奇迹，勇气能战胜一切困难。试想，如果我们事事都能拿出破釜沉舟的勇气和决心，那么世间还有什么困难而言！

第四章 一个有梦想的人，要耐得住没有星空的夜晚

寂寞成长，无悔青春

每个想要突破目前的困境的人首先都需要耐得住寂寞，只有在寂寞中才能催生一个人的成长。

曾有人在谈及寂寞降临的体验时说："寂寞来的时候，人就仿佛被抛进一个无底的黑洞，任你怎么挣扎呼号，回答你的，只有狰狞的空间。"的确，在追寻事业成功的路上，寂寞给人的精神煎熬是十分厉害的。想在事业上有所成就，自然不能像看电影、听故事那么轻松，必须得苦修苦练，必须得耐疑难、耐深奥、耐无趣、耐寂寞，而且要抵得住形形色色的诱惑。能耐得住寂寞是基本功，是最起码的心理素质。耐得住寂寞，才能不赶时髦，不受诱惑，才不会浅尝辄止，才能集中精力潜心于所从事的工作。

耐得住寂寞的人，等到事业有成时，大家自然会投来钦佩的目光，这时就不寂寞了。而有着远大志向却耐不住寂寞，成天追求热闹，终日浸泡在欢乐场中，一混到老，最后什么成绩也没有的人，那就将真正寂寞了。其实，寂寞不是一片阴霾，寂寞也可以变成一缕阳光。只要你勇敢地接受寂寞，拥抱寂寞，以平和的爱心关爱寂寞，你会发现：寂寞并不可怕，可怕的是你对寂寞的惧怕；寂寞也不烦闷，烦闷的是你自己内心的空虚。

曾获得奥斯卡最佳导演奖的华人导演李安，在去美国念电影学院时已经26岁，遭到父亲的强烈反对。父亲告诉他：纽约百老汇每年有几万人去争几个角色，电影这条路走不通的。李安毕业后，7年，整整7年，他都没有工作，在家做饭带小孩。有一段时间，他的岳父岳母看他整天无所事事，就委婉地告诉女儿，也就是李安的妻子，准备资助李安一笔钱，让他开个餐馆。李安自知不能再这样拖下去，但也不愿拿丈母娘家的资助，决定去社区大学上计算机课，从头学起，争取可以找到一份安稳的工作。李安背着老婆硬着头皮去社区大学报名，一天下午，他的太太发现了他的计算机课程表。他的太太顺手就把这个课程表撕掉了，并跟他说："安，你一定要坚持自己的理想。"

因为这一句话，这样一位明理聪慧的老婆，李安最后没有去

学计算机，如果当时他去了，多年后就不会有一个华人站在奥斯卡的舞台上领那个很有分量的大奖。

　　李安的故事告诉我们，人生应该做自己最喜欢最爱的事，而且要坚持到底，把自己喜欢的事发挥得淋漓尽致，必将走向成功。

　　如果你真正的最爱是文学，那就不要为了父母、朋友的谆谆教诲而去经商，如果你真正的最爱是旅行，那就不要为了稳定选择一个一天到晚坐在电脑前的工作。

　　你的生命是有限的，但你的人生却是无限精彩的。也许你会成为下一个李安。

　　但你需要耐得住寂寞，7年你等得了吗？很有可能会更久，你等得到那天的到来吗？别人都离开了，你还会在原地继续等待吗？

　　一个人想成功，一定要经过一段艰苦的过程。任何想在春花秋月中轻松获得成功的人都距离成功遥不可及。这寂寞的过程正是你积蓄力量，开花前奋力地汲取营养的过程。如果你耐不住寂寞，成功永远不会降临于你。

你的孤独，虽败犹荣

　　在这个世界上，每一个人都经历过无数次的失败。当然，也包括富人在内，他们的成功也并非一帆风顺。

　　没有人不想成为富人，也没有人不想拥有财富，但很多人在追求财富的过程中要么被困难打败，要么对挫折望而却步、半途而废。如果我们换个角度来看问题就不一样了：世界上根本就没有所谓的失败，只有暂时的不成功。这也正是富人们的信条，正是因为在他们的字典里没有"失败"，他们才不会放弃，才会继续努力，他们知道不成功只是暂时的，总有一天他们会成功！

金融家韦特斯真正开始自己的事业是在17岁的时候，他赚了第一笔大钱，也是第一次得到教训。那时候，他的全部家当只有255块钱。他在股票的场外市场做掮客，在不到一年的时间里，他发了大财，一共赚了168000元。拿着这些钱，他给自己买了第一套好衣服，在长岛给母亲买了一幢房子。但是这个时候，第一次世界大战结束了，韦特斯以为和平已经到来，就拿出了自己的全部积蓄，以较低的价格买下了雷卡瓦那钢铁公司。"他们把我剥光了，只留下4000元给我。"韦特斯最喜欢说这种话，"我犯了很多错，一个人如果说他从未犯过错，那他就是在说谎。但是，我如果不犯错，也就没有办法学乖。"这一次，他吸取了教训。"除非你了解内情，否则，绝对不要买大减价的东西。"

他没有因为一时的挫折而放弃，相反，他总结了相关的经验，并相信他自己一定会成功。后来，他开始涉足股市，在经历了股市的成败得失后，他已赚了一大笔。

1936年是韦特斯最冒险的一年，也是最赚钱的一年。一家叫普莱史顿的金矿开采公司在一场大火中覆灭了。它的全部设备被焚毁，资金严重短缺，股票也跌到了3分钱。有一位名叫陶格拉斯·雷德的地质学家知道韦特斯是个精明人，就说服他把这个极具潜力的公司买下来，继续开采金矿。韦特斯听了以后，拿出35000元支持开采。不到几个月，黄金挖到了，离原来的矿坑只有213英尺。

这时，普莱史顿的股票开始往上飞涨，不过不知内情的海湾街上的大户还是认为这种股票不过是昙花一现，早晚会跌下来，所以他们纷纷抛出原来的股票。韦特斯抓住了这个机会，他不断地买进、买进，等到他买进了普莱史顿的大部分股票时，这种股票的价格已上涨了许多。

这座金矿，每年毛利达250万元。韦特斯在他的股票继续上升的时候把普莱史顿的股票大量卖出，自己留了50万股，这50万股等于他一分钱都没有花。

韦特斯的成功告诉我们，不要害怕失败，财富的获得总是在失败中一点点积累的，很少有一夜暴富，而且一夜暴富的财富也总是不长久的。这便是富人们不怕失败的原因，失败也是一种财富。

每一只惊艳的蝴蝶，前身都是不起眼的毛毛虫

成功贵在坚持，要取得成功就要坚持不懈地努力，很多人的成功，也是饱尝了许多次的失败之后得到的，我们经常说什么"失败乃成功之母"，成功诚然是对失败的奖赏，但却也是对坚持者的奖赏。

古往今来，那些成功者们不都是依靠坚持而取得成就的吗？

被鲁迅誉为"史家之绝唱，无韵之离骚"的《史记》，其作者司马迁，享誉千古的文学大师，可是他取得这么大的成就是在什么情况下呢？

汉武帝为了一时的不快阉割了堂堂的大丈夫，那是多么大的耻辱啊，而且这给他带来的身心伤害是多么的巨大！从此，他只能在四处不通风的炎热潮湿的小屋里生活，不能见风，不能再无畏地欣赏太阳、花草，换一个人，简直就活不下去了。

司马迁也曾想过死，对于当时的他来说，死是最容易的解脱方法了。可是他心中始终有一个梦想，他的梦想就是写一部历史的典籍，把过去的事记下来，传诸后世，为了这个梦，他坚持了下来，坚持着忍受了身体的痛苦，坚持着忍受了别人歧视的目光，坚持着在严酷的政治迫害下活着，以继续撰写《史记》，并且终于完成了这部光辉著作。

他靠的是什么？只有两个字：坚持。如果他在遭受了腐刑以后，丧失一切斗志，那么我们现在就再也看不到这本巨著，吸收不了他的思想精华。所以他的成功，他的胜利，最主要的还是靠坚持。如果真的可以有对比，他的著作所带给我们的震撼倒其次了，他的坚持的精神所激励鼓舞我们的更多。

外国名作家杰克·伦敦的成功也是建立在坚持之上的。就像他笔下的人物"马丁·伊登"一样，坚持坚持再坚持，他抓住自己的一切时间，坚持把好的字句抄在纸片上，有的插在镜子缝里，有的别在晒衣绳上，有的放在衣袋里，以便随时记诵。所以他成功了，他的作品被翻译成多国文字，在我们的书店中他的作品放在显眼的位置，赫然在目。当然，他所付出的代价也比其他人多好几倍，甚至几十倍。成功是他坚持的结果。

功到自然成。成功之前难免有失败，然而只要能克服困难，坚持不懈地努力，那么，成功就在眼前。

石头是很硬的，水是很柔软的，然而柔软的水却穿透了坚硬的石头，这其中的原因无他，唯坚持而已。我们在黑暗中摸索，有时需要很长时间才能找寻到通往光明的道路。以勇敢者的气魄，坚定而自信地对自己说：我们不能放弃，一定要坚持。也只有坚持，才能让我们冲破禁锢的蚕茧，最终化成美丽的蝴蝶。

做一个安静细微的人，于角落里自在开放

《伊索寓言》中有这样一个故事：

有一只狐狸喜欢自夸自大，它以为森林中自己最大。

傍晚，它单独出去散步，走路的时候看见一个映在地上的巨大影子，觉得很奇怪，因为它从来没有见过那么大的影子。后来，它知道是它自己的影子，就非常高兴。它平常就以为自己伟大、有优越感，只是一直找不到证据可以证明。

为了证实那影子确实是自己的，它就摇摇头，那个影子的头部也跟着摇动，这证明影子是自己的。它就很高兴地跳舞，那影子也跟着它舞动。它继续跳，正得意忘形时，来了一只老虎。狐

狸看到老虎也不怕，就拿自己的影子与老虎比较，结果发现自己的影子比老虎大，就不理它，继续跳舞。老虎趁着狐狸跳得得意忘形的时候扑了过去，把它咬死了。

一个人若种植信心，他会收获品德。一个人若种下骄傲的种子，他必收获众叛亲离的果子，甚至带来不可预知的危险，就像那只自夸自大、自我膨胀的狐狸一样。

但高傲的姿态，却是现代人的通病。大家都想吸引别人的目光，殊不知这目光可能投来善意，也可能投来恶意。越是高调的人，越容易成为众矢之的。老子在《道德经》中说："生而不有，为而不恃，功成而弗居。"又说："功成名遂身退，天之道。"如果成功之后，只知自我陶醉，迷失于成果之中停滞不前，那就是为自己的成就画了句号。

成功常在辛苦日，败事多因得意时。切记：不要老想着出风头。一个人的成绩都是在他谦虚好学、伏下身子踏实肯干的时候取得的，一旦骄气上升、自满自足，必然会停止前进的脚步。

有人会说，大凡骄傲者都有点儿本事、有点儿资本。你看，《三国演义》中"失荆州"的关羽和"失街亭"的马谡不是都熟读兵书、立过大功吗？这种说法其实是只看到了事情的表面，而没看到事情的本质。关羽之所以"大意失荆州"，马谡之所以"失街亭"，不正是因为他们自以为"有资本"而铸成的大错吗？

一个人有一点儿能力，取得一些成绩和进步，产生一种满意和喜悦感，这是无可厚非的。但如果这种"满意"发展为"满足"，"喜悦"变为"狂妄"，那就成问题了。这样，已经取得的成绩和进步，将不再是通向新的胜利的阶梯和起点，而成为继续前进的包袱和绊脚石，那就会酿成悲剧。

在这个世界上，谁都在为自己的成功拼搏，都想站在成功的巅峰上风光一下。但是成功的路只有一条，那就是放低姿态，不断学习。在通往成功的路上，人们都行色匆匆，有许多人就是在稍一回首、品味成就的时候被别人超越了。因此，有位成功人士的话很值得我们借鉴："成功的路上没有止境，但永远存在险境；没有满足，却永远存在不足；在成功路上立足的最基本的要点就是学习，学习，再学习。"

心中有光的人，终会冲破一切黑暗和荆棘

当你面对人类的一切伟大成就的时候，你是否想到过，曾经为了创造这一切而经历过无数寂寞的日夜，他们不得不选择与寂寞结伴而行，有了此时的寂寞，才能获得自己苦苦追求的锦绣前程。

很多时候成功不是一蹴而就的，要经过很多磨难，每个人无论如何都不能丢弃自己的梦想。执着于自己的目标和理想，把自己开拓的事业做下去。

肯德基创办人桑德斯先生在山区的矿工家庭中长大，家里很穷，他也没受什么教育。他在换了很多工作之后，自己开始经营一个小餐馆。不幸的是，由于公路改道，他的餐馆必须关门，关

门则意味着他将失业，而此时他已经 65 岁了。

也许他只能在痛苦和悲伤中度过余年了，可是他拒绝接受这种命运。他要为自己的生命负责，相信自己仍能有所成就。可是他是个一无所有、只能靠政府救济的老人，他没有学历和文凭，没有资金，没有什么朋友可以帮他，他应该怎么做呢？他想起了小时候母亲炸鸡的特别方法，他觉得这种方法一定可以推广。

经过不断尝试和改进之后，他开始四处推销这种炸鸡的经销权。在遭到无数次拒绝之后，他终于在盐湖城卖出了第一个经销权，结果立刻大受欢迎，他成功了。

65 岁时还遭受失败而破产，不得不靠救济金生活，在 80 岁时却成为世界闻名的杰出人物。桑德斯没有因为年龄太大而放弃自己的成功梦想，经过数年拼搏，终于获得了巨大的成功。如今，肯德基的快餐店在世界各地都是一道风景。

很多时候，在日常生活、工作中我们必须在寂寞中度过，没有任何选择。这就是现实，有嘈杂就有安静，有欢声笑语，就有寂静悄然。

既然如此，你逃脱不掉寂寞的影子，驱赶不走寂寞的阴魂，为什么非要与寂寞抗争？寂寞有什么不好，寂寞让你有时间梳理躁动的心情，寂寞让你有机会审视所作所为，寂寞让你站在情感的外圈探究感情世界的课题，寂寞让你向成功的彼岸挪动脚步，所以，寂寞不光是可怕的孤独。

寂寞是一种力量，而且无比强大。事业成就者的秘密有许多，生活悠闲者的诀窍也有许多。但是，他们有一个共同的特点，那就是耐得住寂寞。谁耐得住寂寞，谁就有宁静的心情，谁有宁静的心情，谁就水到渠成，谁水到渠成，谁就会有收获。山川草木无不含情，沧海桑田无不蕴理，天地万物无不藏美，那是它们在寂寞之后带给人们的享受。所以，耐住寂寞之士，何愁做不成想做的事情。有许多人过高地估计了自己的毅力，其实他们没有跟寂寞认真地较量过。

我们常说，做什么事情都需要坚持，只要奋力坚持下来，就会成功。这里的坚持是什么？就是寂寞。每天循规蹈矩地做一件事情，心便生厌，这也是耐不住寂寞的一种表现。

如果有一天，当寂寞紧紧地拴住你，哪怕一年半载，为了自己的追求不得不与寂寞搭肩并进的时候，心中没有那份失落，没有那份孤寂，没有那份被抛弃的感觉，才能证明你的毅力坚强。

人生不可能总是前呼后拥，人生在世难免要面对寂寞。寂寞是一条波澜不惊的小溪，它甚至掀不起一个浪花，然而它却孕育着可能成为飞瀑的希望，渗透着奔向大海的理想。坚守寂寞，坚持梦想，那朵盛开的花朵就是你盼望已久的成功。

虽然每一步都走得很慢，但我不曾退缩过

"登泰山而小天下"，这是成功者的境界，如果达不到这个高度，就不会有这个视野。但是，若想到达这种境界亦非易事，人

们从岱庙前起步上山，进中天门，入南天门，上十八盘，登玉皇顶，这一步步拾级而上，起初倒觉轻松，但越到上面便越感艰难。十八盘的陡峭与险峻曾使无数登山客望而却步。游人只有努力向前，才能登上泰山山顶，体验杜甫当年"一览众山小"的酣畅意境。

许多人盼望长命百岁，却不理解生命的意义；许多人渴求事业成功，却不愿持之以恒地努力。其实，人的生命是由许许多多的"现在"累积而成的，人只有珍惜"现在"，不懈奋斗，才能使生命焕发光彩，事业获得成功。

要成功，最忌"一日暴之，十日寒之""三天打鱼，两天晒网"。数学家陈景润为了求证哥德巴赫猜想，用过的稿纸几乎可以装满一个小房间；作家姚雪垠为了写成长篇历史小说《李自成》，竟耗费了40年的心血，大量的事实告诉我们：无论你多么聪明，成功都是在踏实中，一步一步、一年一年积累起来的。

莎士比亚说："斧头虽小，但多次砍劈，终能将一棵挺拔的大树砍倒。"

现在有一种流行病，就是浮躁。许多人总想"一夜成名""一夜暴富"。他们不扎扎实实地长期努力，而是想靠侥幸一举成功。比如投资赚钱，不是先从小生意做起，慢慢积累资金和经验，再把生意做大，而是如赌徒一般，借钱做大投资、大生意，结果往往惨败。网络经济一度充满了泡沫。有的人并没有认真研究市场，也没有认真考虑过它的巨大风险，只觉得这是一个发财成名的"大馅饼",一口吞下去,最后没撑多久,草草倒闭,白白"烧"掉了许多钞票。

俗话说"滚石不生苔""坚持不懈的乌龟能快过灵巧敏捷的野兔"。如果能每天学习一小时,并坚持12年,所学到的东西,一定远比坐在学校里混日子的人所学到的多。

人类迄今为止,还不曾有一项重大的成就不是凭借坚持不懈的精神而实现的。

大发明家爱迪生也如是说:"我从来不做投机取巧的事情。我的发明除了照相术,也没有一项是由于幸运之神的光顾。一旦我下定决心,知道我应该往哪个方向努力,我就会勇往直前,一遍一遍地试验,直到产生最终的结果。"

要成功,就要强迫自己一件一件地去做,并从最困难的事做起。有一个美国作家在编辑《西方名作》一书时,应约撰写102篇文章。这项工作花了他两年半的时间。加上其他一些工作,他每周都要干整整七天。他没有从最容易阐述的文章入手,而是给自己定下一个规矩:严格地按照字母顺序进行,绝不允许跳过任何一个自感费解的观点。另外,他始终坚持每天都首先完成困难较大的工作,再干其他的事。事实证明,这样做是行之有效的。

一个人如果要成功,就应该学习这些名人的经验,从小事入手,坚持下去,总有一天你会看到成功的曙光。

第五章 每一个糟糕的未来，都有一个不努力的现在

今天得过且过，将来一生无成

有的人想做大事，却漫无目标，得过且过。这样的人肯定会有很多局限性而无法超越自我，难有大的突破和进展。实际上，凡是有"得过且过"心态的人，无不是给自己立了一堵墙，并陶然自得地沉醉在围墙之内。殊不知，这俨然是在耗费生命。

在古希腊，有两个同村的人，为了比高低，打赌看谁走得离家最远。于是，他们同时却不同道地骑着马出发了。

一个人走了13天之后，心想："我还是停下来吧，因为我已经走了很远了。他肯定没有我走得远。"于是，他停了下来，休息了几天，调转马头返回家乡，重新开始他的农耕生活。

而另外一个人走了7年，却没回来，人们都以为这个傻瓜为了一场没有必要的打赌而丢了性命。

有一天，一支浩浩荡荡的队伍向村里开来，村里的人不知发生了什么大事。当队伍临近时，村里有人惊喜地叫道："那不是克尔威逊吗？"消失了7年的克尔威逊已经成了军中统帅。

他下马后，向村里人致意，然后说："鲁尔呢？我要谢谢他，因为那个打赌让我有了今天。"鲁尔羞愧地说："祝贺你，好伙伴。我至今还是农夫！"

暂时满足的心态只能使你次人一等。生活中有多少人都是这样成为次人一等者的啊！

一个有生气、有计划、克服消极心态的人，一定会不辞任何劳苦，坚持不懈地向前迈进，他们从来不会想到"将就过"这样的话。有些人常常对他人说："得过且过，过一把瘾吧！""只要不饿肚子就行了！""只要不被撤职就够了！"这种青年无异于承认自己没有生机。他们简直已经脱离了世人的生活，至于"克服消极心态"那更是想也不必想了。

打起精神来！它虽然未必能够使你立刻有所收获，或得到物质上的安慰，但它能够充实你的生活，使你获得无限的乐趣，这是千真万确的。

无论你做什么事，打不起精神来就不能克服消极心态。你必须全神贯注，竭尽所有的精力去做它，务必使你每天都有显著的克服消极心态的进步，因为我们每天从事的工作都可以训练和发展我们克服消极心态的能力。一个人如能打定如此坚决的主意，那他的收获一定不会仅够"填饱肚子"的。

那些克服消极心态而成就的大事，绝非仅欲"填饱肚子"以及做事"得过且过"的人所能完成的，只有那些意志坚决、不辞辛苦、十分热心的人才能完成这些事业。

在美国西部,有个天然的大洞穴,它的美丽和壮观出乎人们的想象。但是这个大洞穴一直没有被人发现,没有人知道它的存在,因此它的美丽也等于不存在。有一天,一个牧童偶然发现了洞穴的入口,从此,新墨西哥州的绿巴洞穴成为世界闻名的胜地。

科学研究表明,我们每个人都有140亿个脑细胞,而一个人只利用了肉体和心智能源的极小部分。若与人的潜力相比,我们只处于半醒状态,还有许多未发现的"绿巴洞穴"。正如美国诗人惠特曼诗中所说:

> 我,我要比我想象的更大、更美
> 在我的,在我的体内
> 我竟不知道包含这么多美丽
> 这么多动人之处……

人是万物的灵长,是宇宙的精华,我们每个人都具有光扬生命的本能。为"生命本能"效力的就是人体内的创造机能,它能创造人间的奇迹,也能创造一个最好的你。

我们每个人心里都有一幅"心理蓝图"或一幅自画像,有人称它为"自我心像"。自我心像有如电脑程序,直接影响它的运作结果。如果你的心像想的是做最好的你,那么你就会在你内心的"荧光屏"上看到一个踌躇满志、不断进取的自我。同时,还会经常听到"我做得很好,我以后还会做得更好"之类的信息,这样你注定会成为一个最好的你。美国哲学家爱默生说："人的一生正如他一天中所设想的那样，你怎样想象，怎样期待，就有怎样的人生。"美国赫赫有名的钢铁大王安德鲁·卡内基就是一个能充分发挥自己创造机能的楷模。他12岁时由苏格兰移居美国，最初在一家纺织厂当工人，当时，他的目标是决心"做全工厂最出色的工人"。因为他经常这样想，也是这样做的，最后果真成为全工厂最优秀的工人。后来命运又安排他当邮递员，他想的是"怎样做全美最杰出的邮递员"。结果他的这一目标也实现了。他的一生总是根据自己所处的环境和地位塑造最佳的自己，他的座右铭就是："做一个最好的自己。"

抱怨生活之前，先认清你自己

我们会抱怨生活，因为它没有把我们的一切都安排得很好，没能让我们在不经过努力就获得自己想要的东西；我们抱怨工作，因为它总是不能给我们带来财富，尽管我们已经尽力了，可是薪水还是那么一点点；我们抱怨家长，因为他们没能给我们很好的生活环境，没能让我们像富家子弟那样生活；我们抱怨朋友，因为他们总是只想着自己，完全不顾及我们的感受；我们抱怨……这样一直抱怨下去，我们突然发现，身边的一切事情都让我们看不顺眼，一切都不能尽如我们的意愿。可是，怎么办呢？问题到底出在哪里？

一个女孩对父亲抱怨她的生活，抱怨事事都那么艰难，她不知该如何应付生活，想要自暴自弃了。她已厌倦抗争和奋斗，好像一个问题刚解决，新的问题就又出现了。

女孩的父亲是位厨师，他把她带进厨房。他先往三个锅里倒入一些水，然后把它们放在旺火上烧。不久锅里的水烧开了，他往第一个锅里放些胡萝卜，第二个锅里放入鸡蛋，最后一个锅里放入磨碎的咖啡豆。他将它们浸入开水中煮，一句话也没说。

女孩咂咂嘴，不耐烦地等待着，纳闷父亲在做什么。大约20分钟后，他把火闭了，把胡萝卜捞出来放入一个碗内，把鸡蛋捞出来放入另一个碗内，然后又把咖啡舀到一个杯子里。做完这些后，他才转过身问女儿："亲爱的，你看见什么了？"

"胡萝卜、鸡蛋、咖啡。"她回答。

他让她靠近些，并让她用手摸摸胡萝卜。她摸了摸，注意到它们变软了。

父亲又让女儿拿一枚鸡蛋并打破它。将壳剥掉后，她看到了一枚煮熟的鸡蛋。

最后，父亲让她啜饮咖啡。品尝到香浓的咖啡，女儿笑了。她问道："父亲，这意味着什么？"

父亲解释说，这三样东西面临同样的逆境——煮沸的开水，但其反应各不相同。

胡萝卜入锅之前是强壮的、结实的，但进入开水后，它变软了，变弱了。

鸡蛋原来是易碎的。它薄薄的外壳保护着它呈液体的内脏，但是经开水一煮，它的内脏变硬了。而粉状咖啡豆则很独特，进入沸水后，它们改变了水。

父亲的教导方法是高明的。他把生活比作了一杯水，而拿不同的物体比喻成我们。如果我们如胡萝卜一般，只能任由环境的改变，那么我们就是被动的；而当我们是粉状咖啡豆的时候，尽管在杯子里已经找不到了我们的影子，却能因为我们的变化而改变了人生的大环境。

所以说，当你开始抱怨生活的时候，先要认清楚自己，看你是容易被生活改变，还是你可以去改变生活。如果你被生活改变了，那么就不要责怪生活，而要怪你自己的不坚定，容易随波逐流。而当你确定你能够改变生活的时候，就应该放下抱怨，拿出勇气，因为生活的味道完全是你可以设计和改变的。

问题的98%是自己造成的

人类有着一个共同的特点，就是总将问题归结到别人的身上，认为别人是问题的制造者，而自己只是一个无辜的受害者。殊不知，问题的98%都是自己造成的，如果自己身上没有问题或在自己的环节将问题彻底解决，便不会出现一发不可收拾的局面了。

一本杂志曾刊登过这样一个故事：

当巴西海顺远洋运输公司派出的救援船到达出事地点时，"环大西洋"号海轮已经消失了，21名船员不见了，海面上只有一个救生电台有节奏地发着求救的信号。救援人员看着平静的大海发呆，谁也想不明白在这个海况极好的地方到底发生了什么，从而导致这条最先进的船沉没。这时有人发现电台下面绑着一个密封的瓶子，打开瓶子，里面有一张纸条，21种笔迹，上面这样写着：

一水汤姆："3月21日，我在奥克兰港私自买了一个台灯，想给妻子写信时照明用。"

二副瑟曼："我看见汤姆拿着台灯回船，说了句这小台灯底座轻，船晃时别让它倒下来，但没有干涉。"

三副帕蒂："3月21日下午船离港，我发现救生筏施放器有问题，就将救生筏绑在架子上。"

二水戴维斯："离岗检查时，我发现水手区的闭门器损坏，用铁丝将门绑牢。"

二管轮安特尔："我检查消防设施时，发现水手区的消火栓锈蚀，心想还有几天就到码头了，到时候再换。"

船长麦特："起航时，工作繁忙，没有看甲板部和轮机部的安全检查报告。"

机匠丹尼尔："3月23日上午理查德和苏勒的房间消防探头连续报警。我和瓦尔特进去后，未发现火苗，判定探头误报警，拆掉交给惠特曼，要求换新的。"

机匠瓦尔特："我就是瓦尔特。"

大管轮惠特曼："我说正忙着，等一会儿拿给你们。"

服务生斯科尼："3月23日13点到理查德房间找他,他不在,坐了一会儿,随手打开了他的台灯。"

大副克姆普："3月23日13点半,带苏勒和罗伯特进行安全巡视,没有进理查德和苏勒的房间,说了句你们的房间自己进去看看。"

一水苏勒："我笑了笑,也没有进房间,跟在克姆普后面。"

一水罗伯特："我也没有进房间,跟在苏勒后面。"

机电长科恩："3月23日14点,我发现跳闸了,因为这是以前也出现过的现象,没多想,就将闸合上,没有查明原因。"

三管轮马辛："感到空气不好,先打电话到厨房,证明没有问题后,又让机舱打开通风阀。"

大厨史若："我接马辛电话时,开玩笑说,我们在这里有什么问题?你还不来帮我们做饭?然后问乌苏拉:我们这里都安全吗?"

二厨乌苏拉："我也感觉空气不好,但觉得我们这里很安全,就继续做饭。"

机匠努波："我接到马辛电话后,打开通风阀。"

管事戴思蒙："14点半,我召集所有不在岗位的人到厨房帮忙做饭,晚上会餐。"

医生英里斯："我没有巡诊。"

电工荷尔因："晚上我值班时跑进了餐厅。"

最后是船长麦特写的话:"19点半发现火灾时,汤姆和苏勒的房间已经烧穿,一切糟糕透了,我们没有办法控制火情,而且火越烧越大，直到整条船上都是火。我们每个人都犯了一点错误，最终酿成了船毁人亡的大错。"

看完这张绝笔纸条，救援人员谁也没说话，海面上死一样的寂静，大家仿佛清晰地看到了整个事故的过程。

船长麦特的最后一句话是最值得我们深思的："我们每个人都犯了一点错误，最终酿成了船毁人亡的大错。"问题出现时，不要再找借口了，因为你自己才是问题的真正根源，问题的 98% 都是自己造成的，"环大西洋"号的覆灭不正说明了这一点吗？

失败者的借口通常是"我没有机会"。他们将失败的理由归结为不被人垂青，好职位总是让他人捷足先登，殊不知，其失败的真正原因恰恰在于自己不够勤奋，没有好好把握来之不易的机会。而那些意志坚强的人则绝不会找这样的借口，他们不等待机会，也不向亲友们哀求，而是靠自己的勤奋努力去创造机会，因为他们深知，很多困境其实是自己造成的，唯有自己才能拯救自己。

你对了，整个世界都对了

对于某一件事情的失败，或者是某一次挫折，绝大部分人都有充分的理由相信，那不是自己的问题。当然，有的人也相信自己确实存在不足，但那是次要的，重要的是，没有人给自己提供足以成功的条件、没有足够好的环境、没有足够多的支持……

一般人在生活不如意时，常常不知追根究底，找出自己真正的问题所在，而是期待环境或者他人能根据自己的意愿而改变——即让外在的因素改变到对自己有利的方面上来。一旦对外界或对别人的期望值落空，失望与无助便涌上心头，自己的情绪就会变得十分低落，进而产生抱怨，而这种抱怨显然是一种无益于生活的个人宣泄。其实，他们没有认识到问题的本质：他们自己才是问题的根源。

休斯·查姆斯在担任销售经理期间，曾遇到过这样的情况：在外头负责推销的销售人员销售量开始急剧下跌。

首先，他请手下最佳的几位销售员站起来，要他们说明销售量为何会下跌。每个人都开始抱怨商业不景气，缺少资金，人们的购买力下降等。听到他们描述的种种困难情况时，查姆斯先生说道："停止，我命令大会暂停10分钟，让我把我的皮鞋擦亮。"

然后，他命令坐在附近的一名小工友把他的擦鞋工具箱拿来，并要求这名工友把他的皮鞋擦亮。在场的销售员都吓呆了。那位小工友先擦亮他的第一只鞋子，然后又擦另一只鞋子，表现出第一流的擦鞋技巧。

皮鞋擦亮之后，查姆斯先生给了小工友一毛钱，然后说道：

"我希望你们每个人好好看看这个小工友。他拥有在我们整个工厂及办公室内擦鞋的特权。他的前任男孩，年纪比他大得多，尽管公司每周补贴他5元的薪水，而且工厂里有数千名员工，但他仍然无法从这个公司赚取足以维持他生活的费用。

"这位小男孩不仅可以赚到维持生活的费用，每周还可以存下一点钱来，而他和他的前任的工作环境完全相同，也在同一家工厂内，工作的对象也完全相同。

"现在我问你们一个问题，那个前任男孩拉不到更多的生意，是谁的错？是他的错还是他的顾客的错？"

那些推销员回答说："当然了，是那个男孩的错。"

"正是如此。"查姆斯说，"现在我要告诉你们，你们现在推销收银机和一年前的情况完全相同：同样的地区、同样的对象以及同样的商业条件。但是，你们的销售成绩却比不上一年前。这是谁的错？是你们的错，还是顾客的错？"

推销员们异口同声地回答：

"是我们的错！"

结果，可想而知：他们成功了。

你要明白，所有问题，其根源都在于你自己。想要成功，先评估自己的能力，然后分析一下为什么自己的能力无法施展，是没有恰当的机遇还是环境的限制？

不要抱怨问题，不要回避困难。任何一件事情，无论它有多么的艰难，只要你认真地全力以赴去做，就能化难为易。与其抱怨外界的环境，不如冷静下来看看是否问题出在自己身上。

是改变你的世界，还是世界改变你？年轻人经常谈到这个问题。如果你想改变你的世界，首先就应该改变你自己。

修正自己在于管理自己

很早的时候我国古代圣贤就说过"克己",也就是自制的意思。我们的祖先虽然早就提出了"克己",但是我们在"克己"方面做得还远远不够。相比较而言,一些外国人在"自制"方面比我们在"克己"方面更有成就。

南京大学有一个美国留学生叫唐·娜。寒假里,唐·娜随她的女同学张菁到张的老家河南农村过年。大年初一,张家准备了一桌丰盛的酒席招待唐·娜。席上,张父特意以当地名酒款待嘉宾。张父给唐·娜斟了满满一杯酒,可是唐·娜只是礼貌地举杯,却滴酒不沾。

张家问其故。唐·娜说,她的家乡在美国西雅图州,当地的法律规定,公民年满21岁才能饮酒,她今年才19岁,还未到饮酒的年龄。

张家人劝她,这里是中国,不是美国,入乡随俗是可以的。再说,没有一个美国人会知道你在中国饮过酒。唐·娜却说,虽然自己身在国外,也应该遵守美国的法律。名酒的味道很香,但自己会克制自己,不到法定年龄,决不饮酒。

唐·娜始终没有饮酒,张家人对这个19岁的美国姑娘十分敬佩。

寒假结束,唐·娜要回南京的时候,当地政府有关部门特意设宴款待唐·娜，唐·娜却婉言谢绝了。问其故，唐·娜说，美国的法律规定，凡属官方的宴请，只能由政府官员出席。她是一个普通的美国人，不是政府官员，因此不能接受官方的宴请。当地政府一再做工作，唐·娜还是没有出席。

还有一个故事讲的是：一个美国商人，他经常到中国做生意。有一次，一笔生意成交以后，中方宴请他。中方听说这个美国商人十分喜欢吃虹鳟鱼，席上，主人特意请著名厨师做了一道名菜：清炖虹鳟鱼。

这道菜上来以后，美国商人眼睛一亮，看得出，他真的很喜爱这道菜。奇怪的是，美国商人夹了一块鱼肉以后，还没有送到嘴里就又送了回去，放下筷子不吃了。

主人忙问其故，美国商人说，这是一条有子的虹鳟鱼，美国法律规定，要保护生态环境，不能吃有子的母鱼。主人连忙说，这是在中国，不是美国，中国并没有这样的法律。美国商人说，自己是美国人，走到哪儿，都要遵守美国的法律。

主人很尴尬，再次劝美国商人说，即使是这样，这条虹鳟鱼已经烧熟了，不吃浪费了岂不可惜！美国商人却说，即使浪费了，他也不能吃，美国商人自始至终都没有碰这条虹鳟鱼。

美酒的味道很香，唐·娜却不为之心动；虹鳟鱼的味道很美，美国商人却不为之下箸。

他们是在没有任何外界压力下的一种自我限制行为，是在自觉地履行道德上的某种义务。有较强自制能力的人，一定能够战胜自我。如果不幸遇到祸害，他们一定能够处之泰然，化祸为福，让自己快乐。可见，自制对快乐的人生是极其重要的。

反击别人不如充实自己

有时候，白眼、冷遇、嘲讽会让弱者低头走开，但对强者而言，这也是另一种幸运和动力。所以美国人常开玩笑说，正是因为刺激，才"造就"出了杜鲁门总统。

故事是这样的：在读高中毕业班时，查理·罗斯是最受老师宠爱的学生。他的英文老师布朗小姐，年轻漂亮，富有吸引力，是校园里最受学生欢迎的老师。同学们都知道查理深得布朗小姐的青睐，他们在背后笑他说，查理将来若不成为一个人物，布朗小姐是不会原谅他的。

在毕业典礼上，当查理走上台去领取毕业证书时，受人爱戴的布朗小姐站起身来，当众吻了一下查理，向他来了个出人意料的祝贺。当时，人们本以为会发生哄笑、骚动，结果却是一片静默和沮丧。

许多毕业生，尤其是男孩子们，对布朗小姐这样不怕难为情地公开表示自己的偏爱感到愤恨。不错，查理作为学生代表在毕业典礼上致告别词，也曾担任过学生年刊的主编，还曾是"老师的宝贝"，但这就足以使他获得如此之高的荣耀吗？典礼过后，有几个男生包围了布朗小姐，为首的一个质问她为什么如此明显地冷落别的学生。

"查理是靠自己的努力赢得了我特别的赏识，如果你们有出色的表现，我也会吻你们的。"布朗小姐微笑着说。男孩们得到了些安慰，查理却感到了更大的压力。他已经引起了别人的忌妒，并成为少数学生攻击的目标。他决心毕业后一定要用自己的行动证明自己值得布朗小姐报之一吻。毕业之后的几年内，他异常勤奋，先进入了报界，后来终于大有作为，被杜鲁门总统亲自任命为白宫负责出版事务的首席秘书。

当然，查理被挑选担任这一职务也并非偶然。原来，在毕业典礼后带领男生包围布朗小姐，并告诉她自己感到受冷落的那个男孩子正是杜鲁门本人。

查理就职后的第一件事，就是接通布朗小姐的电话，向她转述美国总统的问话："您还记得我未曾获得的那个吻吗？我现在所做的能够得到您的奖赏吗？"

生活中，当我们遭到冷遇时，不必沮丧，不必愤恨，唯有尽全力赢得成功，才是最好的答复与反击。当有人刺激了我们的自尊心，伤害到我们的心灵时，强烈批驳别人不如思考自己什么地方还需要完善。

有个喜欢与人争辩的学者，在研究过辩论术、听过无数次的辩论，并关注它们的影响之后，得出了一个结论：世上只有一个方法能从争辩中得到最大的利益——那就是停止争辩。你最好避免争辩，就像避免战争或毒蛇那样。

这个结论告诉我们：反击别人不如自我休战。争辩中的赢不是真赢，它带来的只是暂时的胜利和口头的快感，它会导致他人的不满，影响你与他人之间的关系，更重要的是，在争辩中失利的人不会发自内心地承认自己的失败，所以你的说服和辩论统统徒劳无功，无助于事情的解决。

有一种人，反应快，口才好，才思灵敏，在生活或工作中和别人有利益或意见的冲突时，往往能充分发挥辩才，把对方辩得哑口无言。可是，我们为什么一定要与对方辩论到底，以证明是他错了呢？这么做除了能得到一时的快意之外还有什么呢？这样能使他喜欢我们或是能让我们签订合同吗？事实并非如此，要想拥有良好的人际关系，要想使自己在事业上游刃有余，在朋友中广受欢迎，在家庭中和睦相处，我们最好永远不要试图通过争辩去赢得口头上的胜利。

反击别人，除了互相伤害以外，我们都不会得到任何好处。这是因为，就算我们将对方驳得体无完肤、一无是处，那又怎样？我们只是使他觉得自惭形秽、低人一等，我们伤了他的自尊，他不会心悦诚服地承认我们的胜利。即使表面上不得不承认我们胜了，但心里会从此埋下怨恨的种子，所以还不如用那些时间来做有意义的事情。

你比你认为的更伟大

走进一个不了解的环境之中时，我们会习惯性地怀疑自己的能力，陌生会带给我们恐惧。再加上不了解的人对我们的不客观的评价，常常会让我们感受到很多莫名的压力。所以，我们总是在自我否定里畅游，以为自己很糟糕。但是我们可以看到，以前并不被看好的人最终站在成功的舞台上的时候，我们不得不说，是人们看低了他们，是他们自己低估了自己的实力。

由此可见，有时候我们并不了解自己到底有多大实力，当我们还在为糟糕的自己而难过的时候，说不定你已经开始创造奇迹的旅程了。

在《野草只是没被发现用处的植物》一文中曾经写道：

他生于美国一个靠海的小村庄。5岁那年，他们全家搬迁到纽约布鲁克林区，父亲在那儿做木工，承建房屋，他也在那儿开始上小学。由于生活穷困，他只读了5年小学，便辍学在印刷厂做学徒了。工作虽然辛苦，却没有阻止他爱上浪漫的诗歌，他像发疯一样，没日没夜地写。

1855年7月4日，他自费出版了第一本诗集，初版印了1000册。薄薄的小书只有95页，包括十二首诗和一篇序。绿色的封面，封底上画了几株嫩草、几朵小花。他兴奋地拿了几本样书回家，弟弟乔治只是翻了一下，认为不值得一读，就弃之一旁。他的母亲也是一样，根本没有读过它。一个星期之后，他的父亲因风瘫病去世，也没有看过儿子的作品。

拿出去卖，很可惜，一本都没卖掉。他只好把这些诗集全都送了人，但也没有得到什么好结果。著名诗人朗费罗、赫姆士、罗成尔等人对此不予理睬，大诗人惠蒂埃干脆把他收到的一本投进火里，林肯看后也险些烧掉。

社会上的批评更是铺天盖地，对他大肆辱骂。《伦敦书评》认为"作者的诗作违背了传统诗歌的艺术。他不懂艺术，正像畜生不懂数学一样"。波士顿《通讯员》则把这本诗集称为"浮夸、自大、庸俗和无种的杂凑"，甚至写他是个"疯子""除了给他一顿鞭子，我们想不出更好的办法"。连他的服装、相貌都成为被嘲笑的对象，"看他那副模样，就能断定他写不出好诗来"。

铺天盖地的嘲笑和谩骂声，像冰冷的河水，浇灭了他所有的激情。他失望了，开始怀疑自己：我是不是根本就不是写诗的料？就在他几近绝望时，远在马萨诸塞州康科德的一位大诗人被他那创新的写法、不押韵的格式、新颖的思想内容打动了。大诗人随即写了一封信，给这些诗以极高的评价：

"亲爱的先生，对于才华横溢的诗集，我认为它是美国至今所能贡献的最了不起的聪明才智的精华。我在读它的时候，感到十分愉快。它是奇妙的、有着无法形容的魔力、有可怕的眼睛和水牛的精神，我为您的自由和勇敢的思想而高兴……"

这真诚的夸奖和赞誉，一下子点燃了他心中那将要熄灭的火焰。他从此坚定了自己写诗的信念，一发而不可收。

他成为具有世界声誉和世界意义的伟大诗人，他唯一的诗集也成了美国乃至人类诗歌史上的经典。他就是现代美国诗歌之父——沃尔特·惠特曼，那部诗集的名字叫《草叶集》。而当年那位写信对他予以赞美和鼓励的诗人，叫爱默生。

爱默生说："在我的眼里，没有野草，野草只是还没有被发现用处的植物。"所以，当惠特曼沉浸在对自己的失望的痛苦中时，他根本就没有意识到自己正在创造人类的奇迹，而他自己也已经成了全世界最伟大的诗人之一。

很多时候，我们并不能完全了解自己。所以，在灾难发生时，我们才会有惊人的爆发力；在处于险境时，我们才能挖掘出以前没有意识到的潜能。

我们总是比自己想象中的更伟大，所以不要低估自己，认为自己很糟糕，而应该多给自己一份信心，多给自己准备一个发展的平台。相信在自信的动力驱使之下，我们一定会有更好的成绩，有更多的机会接近成功。

改变态度，你就可能成为强者

有这样一个故事：

一天，一只老虎躺在树下睡大觉。一只小老鼠从树洞里爬出来时，不小心碰到了老虎的爪子，把它惊醒了。老虎非常生气，张开大嘴就要吃它，小老鼠吓得瑟瑟发抖，哀求道："求求你，老虎先生，别吃我，请放过我这一次吧！日后我一定会报答你的。"

老虎不屑地说："你一只小小的老鼠怎么可能帮得了我呢？"但它最后还是把老鼠放走了，因为它觉得一只小小的老鼠还不够塞自己的牙缝。

不久，这只老虎出去觅食时被猎人设置的网罩住了。它用力挣扎，使出浑身力气，但网太结实了，越挣扎绑得越紧。于是它大声吼叫，小老鼠听到了它的吼声，就赶紧跑了过去。

"别动，尊敬的老虎，让我来帮你，我会帮你把网咬开的。"

小老鼠用它尖锐的牙齿咬断了网上的绳结，老虎终于从网里逃脱出来。

"上次你还嘲笑我呢，"老鼠说，"你觉得我太弱小了，没法报答你。你看，现在不正是一只弱小的老鼠救了大老虎的性命吗？"

读完这个故事，我们不难想到，在这个世界上，从来就没有谁注定就是强者，也没有谁注定就是弱者。强大如老虎，在猎人的陷阱里，它就变成了弱者；弱小如老鼠，在结实的网绳前，拥有锋利牙齿的它就变成了强者。

你或许自以为是弱者：貌不惊艳，技不如人，出身贫寒，资质平平，在人才辈出的社会里就像"多一个不多，少一个不少"的那个人。如果你这么想，你就错了，甚至连上文中那个自信满怀的老鼠都不如。

在这个世界上，每个人都是身怀绝技的强者，这种绝技就像金矿一样埋藏在我们看似平淡无奇的生命中。

法国文豪大仲马在成名前,穷困潦倒。有一次,他跑到巴黎去拜访他父亲的一位朋友,请他帮忙找个工作。

他父亲的朋友问他:"你能做什么?"

"没有什么了不得的本事。"

"数学精通吗?"

"不行。"

"你懂得物理吗?或者历史?"

"什么都不知道。"

"会计呢?法律如何?"

大仲马满脸通红,第一次知道自己太差劲了,便说:"我真惭愧,现在我一定要努力补救我的这些不足。我相信不久之后,我一定会给您一个满意的答复。"

他父亲的朋友对他说:"可是,你要生活啊!把你的住址留在这张纸上吧。"大仲马无可奈何地写下了他的住址。

父亲的朋友看后高兴地说:"你的字写得很好呀!"

你看，大仲马在成名前，也曾有过自己认为自己一无是处的时候。然而，他父亲的朋友却发现了他的一个优点——字写得很好。

字写得好，也许你对此不屑一顾：这算什么绝技！然而，不管这个绝技有多么不起眼，但它毕竟是你的本事。你就能以此为基地，扩大你的优点范围：字能写好，文章为什么就不能写好？

我们每一个人，特别是妄自菲薄的人，切不可对自身的长处视而不见。你不要死盯着自己学习不好、没钱、不漂亮等不足的一面，你还应看到自己身体健康、会唱歌、文章写得好等不被外人和自己留意或发现的强项。

事实上，你不是个天生的弱者，每个人都有自己的长处和短处，你为什么只看到了自己的不足，而没有看到自己的闪光之处呢？

纤细孱弱的小草，自然无法与伟岸挺拔的劲松相提并论。然而，春寒料峭中，是小草那片淡淡的嫩绿，让大地展现出勃勃的生机。

潺潺而流的溪水，当然不能与奔腾浩渺的江河同日而语。然而，深山河谷中，是小溪那份执着的奔流，让大地充满了无限的活力。

小草不因其柔弱而萎缩，小草自有一种信念；小溪不因其涓细而却步，小溪自有一种自信……你，同样不是弱者，只要你认识自己的力量，爆发自己的热能，你就是生活的强者。

只要在认识自己中不断创造自己，不断完善自己，又何必那么多的惆怅、自卑和叹息。仰起你自信的脸庞,即使你现在还是小草、小溪、小鸟、小舟,甚至阴暗角落里那粒不为人所知的尘埃,总有一天,你可以成为万众瞩目的强者。

人生并非由上帝定局,你也能改写

常常会听到这样的抱怨:我很想做一番事业,可是没有贵人相助;如果我出生在显赫的家庭,我一定不会像现在这样生活了……面对生活的不如意,我们总是抱怨环境,抱怨命运,可是我们忘了,真正决定我们生活的,并不是命运,而是我们自己。

虽然我们无法选择自己的出身、父母和家庭,也就是说无法选择决定我们前半生命运的平台。但是,我们绝对有办法选择自己后半生的路、生活环境或者生活方式。命运不是一成不变的,所以即使我们曾经承受了过多的苦痛,现在也可能正在经受着生活的折磨,但是只要你敢于向命运挑战,敢于寻找命运的突破口,你就一定能改写自己的命运。

在《中国教师报》上曾经登载了这样一篇文章:

他出生在马里兰州。因为家境不好的缘故,父母很早就打算让他弃学,但遭到了两个姐姐的强烈反对。在他的记忆中,那次两个姐姐和父亲吵得很厉害,大姐甚至一度提出让自己来资助弟弟读书,这一方案最终没有得到父亲的首肯。

虽然吃得没有什么大鱼大肉,但是他的身体却在猛速增长,这让他感到很烦恼。细心的姐姐发现了这一变化，认为他将是罕见的游泳天才。于是她想方设法地弄了一些游泳方面的杂志给他看，并利用一切闲暇时间给他灌输相关的知识。在姐姐的影响下，他对游泳变得近乎痴迷起来。

然而当他把要做一名游泳队员的想法告诉父亲时，却遭到父亲强烈地反对："你这个傻瓜，你知道白痴是怎么出来的吗？就是像你这样想出来的！游泳？你以为人人都是天才，别做梦了！"

然而他并不甘心做一个碌碌无为的人。在姐姐的指导下，他总能轻松学会别的少年所不能掌握的技巧……经过坚持不懈的努力，他终于将自己的理想一一变成了现实。2001年，他打破了200米蝶泳世界纪录，成为最年轻的世界纪录保持者，并赢得了"神童"的美誉。2003年，他接连5次打破世界纪录，当之无愧地被评为年度世界最佳男子游泳运动员。2007年，在墨尔本世锦赛上，他更是独揽七金，被人称为世界泳坛上的"一哥"。

2008年8月10日，在北京奥运会的首次比赛中，他轻松获得男子400米混合泳的冠军，并再次打破这个比赛的世界纪录。

是的，他就是被人称为游泳运动历史上最伟大的全能运动员，美国游泳队头号男明星的"金童"菲尔普斯。2008年，他带着一家人开始了环球旅行，最后一站就是长城。想起童年的往事，他感慨万千。他站在城墙上对父亲说："亲爱的爸爸，还记得小时候你经常嘲笑我不要痴人说梦，但你的儿子很争气，不但成为世界冠军，也实现了当时立下环球旅行的誓言。"父亲紧紧地拥抱着他，热泪盈眶。

2008年，菲尔普斯用传奇的8项新纪录告诉了我们：许多时候，上天安排的厄运并非故事的结局，以你的信念作笔，你完全可以改写！

我们无法抹杀菲尔普斯在北京奥运会上呈现在我们面前的精彩，但是我们同样不能忘记，在之后的残奥会上，那些为了梦想而努力拼搏的身影。对于残奥会的健儿来说，他们没有受到命运的宠爱，上帝在书写他们的人生的时候，为他们安排了厄运。但是他们通过自己的努力，通过超乎常人的付出，呈现在我们面前的，同样是一种震撼人心的精彩。

与他们相比，我们所面临的那一点困难又能算什么呢？生活中，我们遇到的无非就是工作压力、求职压力、生活压力。也许我们对生活有美好的构想，但是现实总是粉碎了我们的愿望。这个时候，与其选择悲观失望，莫不如鼓起勇气，向生活挑战，向命运挑战。当我们展露出勇往直前的姿态的时候，那些曾经阻碍我们向美好生活迈进的困难与挫折，就会在我们面前丢盔弃甲，变得不堪一击。

第六章 你所谓的稳定，不过是在浪费生命

紧紧攥住黑暗的人永远都看不到阳光

很多人都希望自己获得更多，却不愿意将自己已经获得的东西放手。可是生活常常是这样：如果不舍弃黑暗，就看不到阳光；如果不舍弃小的利益，就换不来更大的收入。

1984年以前，青岛电冰箱厂生产的冰箱按产品质量分为一等品、二等品、三等品、等外品四类。原因就是在那个时候中国刚刚改革开放，物品缺乏造成市场非常好，只要产品还能用，就可以堂而皇之地送出厂门，而且绝对有市场，绝对卖得掉。就连等外品都能够销售得出去。实在卖不了的产品，就分配给一些员工自用，或者送货上门半价卖掉。

然而，在1985年4月事情发生了改变。张瑞敏收到一封用户的投诉信，投诉海尔冰箱的质量问题。于是，张瑞敏到工厂仓库里去，把400多台冰箱全部做了检查之后，发现有76台冰箱不合格。为此，恼火的张瑞敏很快找到检查部，让他们看看这批冰箱怎么处理？他们说既然已经这样，就内部处理算了。因为以前出现这种情况都是这么办的，加之当时大多数员工家里边都没有冰箱，即使有一些质量上的问题也不是不能用呀。张瑞敏说，如果这样的话，就是说还允许以后再生产这样的不合格冰箱。就这么办吧，你们检查部门搞一个劣质工作、劣质产品展览会。于是，他们搞了两个大展室，在展室里面摆放了那些劣质零部件和那76台不合格的冰箱，通知全厂职工都来参观。员工们参观完以后，张瑞敏把生产这些冰箱的责任者和中层领导留下，并且问他们，你们看怎么办？结果大多数人的意见还是比较一致，都是说内部处理了。

但是，张瑞敏却坚持说，这些冰箱必须就地销毁。他顺手拿了一把大锤，照着一台冰箱就砸了过去。然后把大锤交给了责任者，转眼之间，把76台冰箱全都砸烂了。

当时，在场的人一个一个都眼里流泪了。虽然一台冰箱当时才800多元钱，但是，员工每个月的工资才40多块钱，一台冰箱就是他们两年的工资！

通过这件事情以后，员工们树立起了一种观念，谁生产了不合格的产品，谁就是不合格的员工。一旦树立这种观念，员工们的生产责任心迅速增强，在每一个生产环节都不敢马虎，精心操作。"精细化，零缺陷"变成全体员工发自内心的心愿和行动，从而为企业奠定了扎实的质量管理基础。

经过4年的艰苦历程，也就是1988年12月，海尔获得了中国电冰箱市场的第一枚国内金牌，把冰箱做到了全国第一。

如果当年海尔人都攥着眼前的利益不放，不肯砸烂那些不合格的冰箱，那么，就不会有海尔集团日后的崛起，更不会有如今的声誉。可见，只有肯舍弃的人，才可能获得更多。那些紧紧攥着手里的东西不放的人，只能是故步自封，得不到更好的发展。

不舍弃鲜花的绚丽，就得不到果实的香甜

社会发展的速度很快，诱惑随之增多，很多人在诱惑面前停下了自己的脚步。面对层出不穷的诱惑，很多人忘记了自己的方向，在旋涡中纠缠不清、平庸一生。

其实，人生的"口袋"只能装载一定的重量，人的前进行程就是一个不断舍弃的过程。没有舍弃，你就有可能被沉重的包袱滞留在前进的途中。

拉斐尔11岁那年，一有机会便去湖心岛钓鱼。在鲈鱼钓猎开禁前的一天傍晚，他和妈妈早早来钓鱼。装好诱饵后，他将鱼线一次次甩向湖心，湖水在落日的余晖下泛起一圈圈的涟漪。

忽然，钓竿的另一头沉重起来。他知道一定有大家伙上钩，急忙收起鱼线。终于，拉斐尔小心翼翼地把一条竭力挣扎的鱼拉出水面。好大的鱼啊！它是一条鲈鱼。

月光下，鱼鳃一吐一纳地翕动着。妈妈打亮小电筒看看表，已是晚上10点——但距允许钓猎鲈鱼的时间还差两个小时。

"你得把它放回去，儿子。"母亲说。

"妈妈！"孩子哭了。

"还会有别的鱼的。"母亲安慰他。

"再没有这么大的鱼了。"孩子伤感不已。

他环视了四周，已看不到一个渔艇或钓鱼的人，但他从母亲坚决的脸上知道无可更改。暗夜中，那条鲈鱼抖动着笨重的身躯慢慢游向湖水深处，渐渐消失了。

这是很多年前的事了，后来拉斐尔成为纽约市著名的建筑师了。他确实没再钓到那么大的鱼，但他却为此终身感谢母亲。因为他通过自己的诚实、勤奋、守法，猎取到生活中的大鱼——事业上成绩斐然。

自然界是美丽的，人生也是绚丽的。在几十年的漫漫旅途中，有山有水，有风有雨，有舍弃"绚丽"和"温馨"的烦恼，也有获得"香甜"和"明艳"喜悦，人生就是在舍弃和获得的交替中得到升华，从而到达高新的境界。从这个意义上来说，获得很美好，舍弃也很美丽。

人是有思维会说话的"万物之灵"，懂得生活中舍弃与获得

的道理，必要的舍弃是为了更好地获得。

有人说，人生之难胜过逆水行舟，此话不假。人生在世界上，不如意的事情占十之八九，获得和舍弃的矛盾时刻困扰着我们，明白了舍弃之道和获得之法，并运用于生活，我们就能从无尽的繁难中解脱出来，在人生的道路上进退自如，豁达大度。

今天的放弃，是为了明天的得到

生活就是这样，很多时候鱼和熊掌不可兼得。这就要求我们要懂得放弃，因为有"舍"才会有"得"，美国大财团洛克菲勒家族用实际行动给我们诠释了这一智慧。

第二次世界大战的硝烟刚刚散尽时，以美、英、法为首的战胜国首脑们几经磋商，决定在美国纽约成立一个协调处理世界事务的联合国。一切准备就绪后，大家才发现，这个全球至高无上、最权威的世界性组织，竟没有自己的立足之地。

买一块地皮，刚刚成立的联合国机构还身无分文。让世界各国筹资，牌子刚刚挂起，就要向世界各国搞经济摊派，负面影响太大。况且刚刚经历了战争的浩劫，各国政府都财库空虚，许多国家财政赤字居高不下，在寸土寸金的纽约筹资买下一块地皮，并不是一件容易的事情。联合国对此一筹莫展。

听到这一消息后，美国著名的家族财团洛克菲勒家族经商议，果断出资870万美元，在纽约买下一块地皮，将这块地皮无条件地赠予了这个刚刚挂牌的国际性组织——联合国。同时，洛克菲勒家族亦将毗邻的这块地皮全部买下。

对洛克菲勒家族的这一出人意料之举，美国许多大财团都吃惊不已。870万美元，对于战后经济萎靡的美国和全世界，都是一笔不小的数目，而洛克菲勒家族却将它拱手赠出，并且什么条件也没有。这条消息传出后，美国许多财团主和地产商都纷纷嘲笑说："这简直是蠢人之举！"并纷纷断言："这样经营不要10年，著名的洛克菲勒家族财团，便会沦落为著名的洛克菲勒家族贫民集团！"

但出人意料的是，联合国大楼刚刚建成完工，毗邻地价便立刻飙升起来，相当于捐赠款数十倍、近百倍的巨额财富源源不断地涌进了洛克菲勒家族。这种结局，令那些曾经讥讽和嘲笑过洛克菲勒家族捐赠之举的财团和商人们目瞪口呆。

这是典型的"因舍而得"的例子。如果洛克菲勒家族没有做出"舍"的举动，勇于牺牲和放弃眼前的利益，就不可能有"得"的结果。放弃和得到永远是辩证统一的。然而，现实中许多人却执着于"得"，常常忘记了"舍"。要知道，什么都想得到的人，最终可能会为物所累，导致一无所获。

生活就是如此，如果你不可能什么都得到的时候，那么就应该学会舍弃，生活有时候会迫使你交出权力，不得不放走机会和恩惠。然而我们要知道，舍弃并不意味着失去，因为只有舍弃才会有另一种获得。

与其抱残守缺，不如断然放弃

我们常听到人们如此哀叹："要是……就好了！"这是一种明显的内疚、悔恨情绪，而我们每个人都会不时地发出这种哀叹。

悔恨不仅是对往事的关注，也是由于过去某件事产生的现时惰性。如果你由于自己过去的某种行为而到现在都无法积极生活，那便成了一种消极的悔恨了。吸取教训是一种健康有益的做法，也是我们每个人不断取得进步与发展的重要方法。悔恨则是一种不健康的心理，它会白白浪费自己目前的精力。实际上，仅靠悔恨是无法解决任何问题的。

爱默生经常以愉快的方式来结束每一天。他告诫人们："时光一去不返，每天都应尽力做完该做的事。疏忽事和荒唐事在所难免，要尽快忘掉它们。明天将是新的一天，应当重新开始，振作精神，不要使过去的错误成为未来的包袱。"

要成为一个快乐的人，重要的一点是学会将过去的错误、罪恶、过失通通忘记，努力向着未来的目标前进。

印度圣雄甘地在行驶的火车上，不小心把刚买的新鞋弄掉了一只，周围的人都为他惋惜。不料甘地立即把另一只鞋从窗口扔了出去，让人大吃一惊。甘地解释道："这一只鞋无论多么昂贵，对我来说也没有用了，如果有谁捡到一双鞋，说不定还能穿呢！"

显然，甘地的行为已有了价值判断：与其抱残守缺，不如断然放弃。我们都有过失去某种重要的东西的经历，且大都在心里留下了阴影。究其原因，就是我们并没有调整心态去面对失去，没有从心理上承认失去，总是沉湎于对已经不存在的东西的怀念。事实上，与其为失去的东西懊恼，不如正视现实，换一个角度想问题：也许你失去的，正是他人应该得到的。

卡耐基先生有一次曾造访希西监狱，他对狱中的囚犯看起来竟然很快乐感到惊讶。监狱长罗兹告诉卡耐基：犯人刚入狱时都认命地服刑，尽可能快乐地生活。有一位花匠因犯在监狱里一边种着蔬菜、花草，还一边轻哼着歌呢！他哼唱的歌词是：

事实已经注定，事实已沿着一定的路线前进，

痛苦、悲伤并不能改变既定的情势，

也不能删减其中任何一段情节，

当然，眼泪也于事无补，它无法使你创造奇迹。

那么，让我们停止流无用的眼泪吧！

既然谁也无力使时光倒转，不如抬头往前看。

令人后悔的事情，在生活中经常出现。许多事情做了后悔，不做也后悔；许多人遇到了后悔，错过了更后悔；许多话说出来后悔，不说出来也后悔……人生没有回头路，也没有后悔药。过去的已经过去，你再无法重新设计。一味地后悔，会让你错过未来的美好时光，给未来的生活增添阴影。

只要你心无挂碍，什么都看得开、放得下，何愁没有快乐的春莺在啼鸣，何愁没有快乐的泉溪在歌唱，何愁没有快乐的白云在飘荡，何愁没有快乐的鲜花在绽放！所以，放下就是快乐，不被过去所纠缠，这才是豁达的人生。

错过花朵，你将收获雨滴

生活中有一种痛苦叫错过。人生中一些极美、极珍贵的东西，常常与我们失之交臂，这时，我们总会因为错过美好而感到遗憾和痛苦。其实喜欢一样东西不一定非要得到它，俗话说："得不到的东西永远是最好的。"当你为一份美好而心醉时，远远地欣赏它或许是最明智的选择，错过它或许还会给你带来意想不到的收获。

美国哈佛大学要在中国招1名学生，这名学生的所有费用由美国政府全额提供。初试结束了，有30名学生成为候选人。

考试结束后的第 10 天,是面试的日子。30 名学生及其家长云集锦江饭店等待面试。当主考官劳伦斯·金出现在饭店的大厅时,一下子被大家围了起来,他们用流利的英语向他问候,有的甚至还迫不及待地向他做自我介绍。这时,只有一名学生,由于起身晚了一步,没来得及围上去,等他想接近主考官时,主考官的周围已经是水泄不通了,根本没有乘虚而入的可能。

于是他错过了接近主考官的大好机会,他觉得自己也许已经错过了机会,于是有些懊丧起来。正在这时,他看见一个异国女人有些落寞地站在大厅一角,目光茫然地望着窗外,他想:身在异国的她是不是遇到了什么麻烦,不知自己能不能帮上忙?于是他走过去,彬彬有礼地和她打招呼,然后向她做了自我介绍,最后他问道:"夫人,您有什么需要我帮助的吗?"接下来两个人聊得非常投机。

后来这名学生被劳伦斯·金选中了,在 30 名候选人中,他的成绩并不是最好的,而且面试之前他错过了跟主考官套近乎、加深自己在主考官心目中印象的最佳机会,但是他却"无心插柳柳成荫"。原来,那位异国女子正是劳伦斯·金的夫人。

这件事曾经引起很多人的震动:原来错过了美丽,收获的并不一定是遗憾,有时甚至可能是圆满。

许多的心情,可能只有经历过之后才会懂得,如感情,痛过了之后才会懂得如何保护自己,傻过了之后才会懂得适时的坚持与放弃。在得到与失去的过程中,我们慢慢地认识自己,其实生活并不需要这些无谓的执着,没有什么真的不能割舍的,学会放弃，生活会更容易！

因此，在你感觉到人生处于最困顿的时刻，也不要为错过而惋惜。失去的折磨会带给你意想不到的收获。花朵虽美，但毕竟有凋谢的一天，请不要再对花长叹了。因为可能在接下来的时间里，你将收获雨滴的温馨和细雨绵绵的浪漫。

勇于选择，果断放弃

生活中，左右为难的情形会时常出现：比如面对两份同时具有诱惑力的工作，两个同时具有诱惑力的追求者。为了得到其中"一半"，你必须放弃另外"一半"。若过多地权衡，患得患失，到头来将两手空空，一无所有。我们不必为此感到悲伤，能抓住人生"一半"的美好已经是很不容易的事情。

两个朋友一同去参观动物园。动物园非常大，他们的时间有限，不可能参观到所有动物。他们便约定：不走回头路，每到一处路口，选择其中一个方向前进。

第一个路口出现在眼前时，路标上写着一侧通往狮子园，一侧通往老虎山。他们琢磨了一下，选择了狮子园，因为狮子是"草原之王"。又到一处路口，分别通向熊猫馆和孔雀馆，他们选择了熊猫馆，熊猫是"国宝"……

他们一边走，一边选择。每选择一次，就放弃一次，遗憾一次。

因为时间不等人，如不这样做他们的遗憾将更多。只有迅速做出选择，才能减少遗憾，得到更多的收获。

面对选择和取舍时，必须要有理性、睿智和远见卓识，不可鼠目寸光，不可急功近利，更不可本末倒置，因小失大。选择不是一锤子的买卖，不能因为一粒芝麻丢了西瓜，不能因为留恋一棵小树而失去整片的森林。

很多时候，我们总是想选择这个的时候，却害怕错过那个，于是拿起来又放下，到最后一刻还在犹豫，这个会有这样的缺点，那个会有那样的不足，所以总迟迟下不了决心，或者选择之后，又来回地更改，在这样患得患失间耽搁了不少时间，浪费了不少精力。世界上没有一个十全十美的东西让你选择，每一样东西都会有它自身的弱点，所以，当你做出选择之后就大胆地往前走，而不是一步三回头，这在很大程度上影响了前进的进程。

而那些事业有成之士，总会在抉择之后一直走下去。

鲁迅在拯救人的灵魂和人的身体之间选择，成为一代文豪；迈克尔·乔丹放弃了棒球运动员的梦想，成为世界篮坛上最耀眼的"飞人"球星；帕瓦罗蒂放弃了教师职业，成为名扬世界的歌坛巨星……

有些选项看似诱人，但如果不适合自己，那就要果断舍弃。做出什么样的选择，要视自身条件和具体情况而定，要有主见，不能人云亦云。

人生的大多数时候，无论我们怎样审慎地选择，终归都不会尽善尽美，总会留有缺憾，但缺憾本身也是一种美。

社会大舞台上，每个人都是自己生活和生存方式的编导兼演员。只有学会正确地进行选择，果敢地做出舍弃，才能演绎出精彩的人生喜剧。

悬崖深谷处，撒手得重生

悬崖深谷得重生看似一种悖论，实际上却蕴含着深刻的道理。"悬崖撒手"是一种姿态，美丽而轻盈。放手之后，心灵将获得一片自由飞翔的广袤天空，在瞬间释放与舒展。

行走于人世间，沟沟坎坎不可避免，事情的发展不会总是按照我们的主观想象进行，有时候，万事如意不过是一个美好的心愿罢了。一个人只有把一切受物理、环境影响的东西都放掉，才能够逍遥自在，行游万里而心中不留一念。

有个书生和未婚妻约好在某年某月某日结婚。但到了那一天，未婚妻却嫁给了别人，书生为此备受打击，一病不起。

这时，一位过路的僧人得知这个事情，就决定点化一下他。僧人来到他的床前，从怀中摸出一面镜子叫书生看。书生看到茫茫大海，一名遇害的女子一丝不挂地躺在海滩上。

路过一人，看了一眼，摇摇头走了。

又路过一人，将衣服脱下，给女尸盖上，走了。

再路过一人，过去挖个坑，小心翼翼地把尸体埋了。

书生正疑惑间，画面切换。书生看到自己的未婚妻，洞房花烛，被她的丈夫掀起了盖头。书生不明就里，就问僧人。

僧人解释说："那具海滩上的女尸就是你未婚妻的前世。你是第二个路过的人，曾给过她一件衣服。她今生和你相恋，只为还你一个情。但她最终要报答一生一世的人，是最后那个把她掩埋的人，那个人就是她现在的丈夫。"

书生听后，豁然开朗，病情也渐渐地好了。

书生之所以会病倒，是因为他不能承受这样的打击，也无法坦然地放下曾经的感情，但是前世的"因"造就今生的"果"，前世只有以衣遮身的恩情，今生也就只有短暂相恋的回报。书生放下了，也就解脱了，病自然也就好了。

适时地放开不仅是治病的良药，有时甚至还会成为救命的法宝。

从前，有一个人出门办事，他跋山涉水，好不辛苦。一次经过险峻的悬崖，一不小心掉到了深谷里去。此人眼看生命危在旦夕，双手在空中攀抓，刚好抓住崖壁上枯树的老枝，总算保住了性命，但是人悬荡在半空中，上下不得，正在进退维谷、不知如何是好的时候，忽然看到慈悲的佛陀，站立在悬崖上慈祥地看着自己，此人如见救星一般，赶快求佛陀说："佛陀！求求您大发慈悲，救救我吧！"

"我救你可以，但是你要听我的话，我才有办法救你上来。"佛陀慈祥地说。

"佛陀！到了这种地步，我怎敢不听你的话呢？随你说什么？我全都听你的。"

"好吧！那么请你把攀住树枝的手放下！"

此人一听，心想，把手一放，势必掉进万丈深渊，跌得粉身碎骨，哪里还保得住性命？因此更加抓紧树枝不放，佛陀看到此人执迷不悟，只好离去。

有所舍得，才能有所收获，唯有能放下，才能真提起。放得下的人，不仅要放下自己，还要放下周遭所有的一切。放下也并非完全失去自我，而是指不再有对抗之心，也不再有舍不得，要随时随地对任何事物没有丝毫的牵挂或舍不得，能如此，才谈得上是自在，是解脱。

所谓回头是岸，岸貌似远在天涯。天涯远不远？不远。放下的时候，天涯就在面前。敢于放下，心里真正地放下，你会感到天地原来如此广阔，你会发现你的脚步是如此轻盈平稳，你的心房是如此安稳温馨。

第七章 戒了吧，拖延症

时间都去哪了？

"时间都去哪了？"几乎所有的人都对自己或别人问过这个问题。

又是一年过去，你也许在认真回顾，给自己制订的一年计划并未如期完成，没有完成的真正原因，就是时间在不觉中就已过去。而一年来，自己似乎每天都在忙碌，没有时间学习，每天有完不成的工作，甚至没有时间坐下来喝杯咖啡……

事实真的如此吗？多数人很轻易地相信自己"真的没时间"，不过他们也容易被自己的谎言所欺骗，真正的问题是我们把大量时间都浪费在拖延上。对于拖延带来的时间损失，就连有些历史名人也懊悔不已。

达·芬奇就是这样一个人。这位欧洲文艺复兴时期的艺术天才，同时涉足了建筑、解剖、艺术、工程、数学等领域，如今他传世的6000多页手稿见证了这位艺术天才的惊人才能。通过这些手稿，人们得以确认达·芬奇是历史上第一个人形机器人的设计者、第一个绘制子宫中胎儿和阑尾构造的人，而这些手稿中的绘画创作方案更是不计其数。

达·芬奇的世界名画《蒙娜丽莎》画了4年，另一幅名画《最后的晚餐》画了3年。实际上，达·芬奇的传世画作不超过20幅，并且其中有五六幅到他去世时还压在手里没能完成。直到他去世200年后，有关绘画的手稿才被后人整理成书。而更多科学方面的想法与设计至今仍隐藏在那些草稿图中，成为天才的遗憾。

达·芬奇对自己也有所反思，在一则笔记中他写道："告诉我，告诉我，有哪样事情到底是完成了的？"这种自责感，与当今我们所体验到的拖延症困扰是多么的相似。

人一生的两笔财富是你的才华和你的时间。才华越来越多，但是时间越来越少，我们的一生可以说是用时间来换取才华。如果一天天过去了，我们的时间少了，而才华没有增加，那就是虚

度了时光。

虽然多数人都懂得这个道理,但不少人依然对"拖延"情有独钟。每当我们感到疲倦和懒惰之时,就能立刻找出乃至创造出一堆不去做某件事的借口。

于是,现代社会的快节奏、高压力,让工作和生活中困扰很多人的拖延现象并不见消减。美国和加拿大的统计数据表明,七成大学生习惯于拖延学业,两成以上的普通人每天都会出现拖延行为。

拖延症也逐渐成为"80后""90后"的标志,人们习惯在第一时间找借口掩盖自己的拖延行为。都说"时间去哪儿了""请再给我2分钟",但起床拖延症、工作效率低等症状却更加普遍。

王琳琳正在读研究生,她一直想利用大段空闲时间完成一篇专业论文。在寒假前就制订好了计划。王琳琳回到家后,先是和老家的同学天天聚在一起:滑雪、吃饭、唱歌、逛街。反正写论文的事不差这几天嘛!一个多星期过去了,她的计划只是放在心里,晚上睡前想一想,叹息一声。

过了几天这样的日子后,王琳琳下决心在微信圈里留言:从明天开始静心写论文。两周后,朋友打电话问她论文完成得怎么样。王琳琳的回答是"没有"。

朋友奇怪,"那你每天在家干吗"?王琳琳回忆了下说:"好不容易放假,得睡到自然醒吧。起床后吃了早饭就打开电脑,正准备写,但一时间又找不到写论文的思路,想着不如等等,听会儿音乐，抱着手机跟朋友聊聊微信、刷刷朋友圈，上网在淘宝上看看衣服。结果到了晚上，论文也没开始写。然后，心里想着，等明天再重新开始吧。"

像王琳琳这样的人并不在少数，他们总是习惯性地拖延，时光当然在一天天的拖延中白白浪费了。当时间过去，拖延者不自觉认同"时间是幻觉"的概念。他们生活在主观时间和客观时间的严重冲突中，并一直在其中挣扎。因为人们往往会急于去做即时的事情，而不做对未来很重要的事情。这体现了人类的某些天性，也是拖延对人的影响会这么大的原因。

可以说，没有别的什么习惯，比拖延更能使人怠慢。拖延是可怕的敌人，是时间的窃贼，它会损坏人的品格，败坏好的机会，劫夺人的自由，使人变为它的奴隶。

"病态"的悠闲：还有明天！

"拖延"一词最早出现在美国人类学家爱德华·霍尔于1942年出版的书里。"拖延"的拉丁原文"Procrastinatus"，意为"推迟至明天做"。

英国作家塞缪尔·约翰逊曾这样说："我们一直推迟我们知道最终无法逃避的事情，这样的蠢行是一个普遍的人性弱点，它或多或少都盘踞在每个人的心灵之中。"的确如此，人们习惯拖延，这是不少人普遍存在的一种思维倾向。在拖延症患者眼中，明天

就是一种幻想、一个可以充满无限遐想的时间。

"今天不想做了，不是还有明天吗？"

"等明天再说吧，我今天实在有点累了。"

"明天还有大把的时间，这点事花不了多少时间。"

……

如此种种，"明天"的借口无处不在。正是借助于这样的幻想，"明天"就成为拖延者最好、最安全的藏身之地。与此同时，"明天"出入各种场合，攻占着人们的思维漏洞。难怪有人这样说："毁灭人类的方法非常简单，那就是告诉他们还有明天。因为告诉他们还有明天，他们就不会在今天努力了。"

于是，办公桌上堆叠的资料总不愿意去整理，直到找不到想要的东西才不得不去收拾；面对堆积如山的待做项目，总想着等等再开始；该打的电话，常常要等到一两个小时以后才打；这个月该完成的报表，有时要拖到下个月……

很多人习惯性地把今天要解决的事拖到明天，或许是今天做了太多的事情，或许今天情绪不佳，或许今天做事总是出错，总之今天就不是一个好日子。在拖延者眼里，明天是心中所期待的未来，他们对明天充满了无限的憧憬。

我们不妨看看普通人小李的工作轨迹：

小李是公司策划部部门主管，他工作认真、积极，但拖拉的毛病连自己都烦恼不已。

星期一，小李在上班途中就已经下定决心，当天要着手草拟下一年度的部门预算。小李9点整开始工作，但他需要整理一下办公环境，顺便浏览一下新闻。半个小时之后，办公桌前已经焕然一新，并且他还泡上了自己爱喝的咖啡。

正当他准备埋头工作时，电话铃响了，原来是一位顾客的投诉电话。小李连解释带赔罪地花了20分钟的时间才说服对方平息怒气。

此后，又有几个员工来请示工作，等安排完下属的工作后，他一看表，已经10点45分了，距离11点的部门例会只剩下15分钟。他想，反正在这么短的时间内也不太适合做比较庞大耗时的工作，干脆把草拟预算的工作留到明天算了。

看着小李的工作状态，是不是有我们自己的"影子"？"明天开始吧"，这是我们惯用的话。但是，明天又会怎样？我们对今天和明天的感觉总是不一样的，总是觉得明天会有更好的精力、更充裕的时间。然而很多时候，明天也许会是"今天"的重复……

我们每个人都应当极力避免将今天的事拖延至"明天"。大多数情况下，一件事总是有期限的，这跟我们所买的商品有保质期是一样的。结果是，"今天"你拖延了，"明天"你不得不面对拖延的后果。

对拖延症患者来说，除非在做事情的过程中得到极大的成就感，否则人们往往倾向于拖延。然而，大多数人日常所做的事情并非那么富有激情，拖延也成为人们的潜在倾向。由于人对负面情绪自发的逃避机制，当我们因为去做一件事而感到恐惧、厌恶、抵触、焦虑的时候，拖延经常会自动找上门来。

拖延者知道立即采取行动有困难，于是"凡事向后推"就成为一种人生策略，不断拖延，并希望正好在还未到来的"明天"能自然解决所有问题，但这几乎是一种奢望。拖延者尽管总是有足够的理由说服自己，但这只不过是自我妨碍与自我逃避。

如果说一件事不存在截止期限，那么拖延自然是再美好不过的事，因为总会有明天。很多人都会以为明天很美好，把事情寄托在明天，可是他们丝毫不知道——不做好今天的事情，其实根本就没有美好的明天。

借口和自我欺骗：如何招来拖延之患

你的周围是否也有被视为"借口大王"的人，他总会有再等一天的理由，总会有不做任务的借口，在他们口中，经常有这样的说辞：

"离最终日期还有好几个星期。"

"我几个小时内就能搞定它。"

"我在压力下工作更为高效。"

毫无疑问，另一天终归是另一天。很快一周时间过去了，一个月时间过去了，他所做的事仍然毫无进展。为什么他就看不出来，自己是在掩饰没必要的耽搁，自己所做的只是让借口合理化，从而不断地自我欺骗呢？

大概所有的人都有这样的思维特点：对于该做而没有做的事，总能够找到充分的借口和理由。一旦找到了借口，无论是否能说服别人，但自己的心理已经获得平静。这几乎成了一种思维惯性，找到借口，就相当于开具了能够麻痹自己的精神良药。

有很多人尝到了借口的"甜头"后，便一发不可收拾，从此陷入了借口的牢笼中。事情还没有开始，各种借口便接踵而至，他们在享受各种借口带来的"便利"的同时，生活却陷入了一团糟中。

下面的一则小故事或许对你有所启发。

老师带着他的学生，一起来到某贫困村庄中最贫穷的一个家庭。虽然有心理准备，但是他们还是被眼前的贫穷震惊了：八口之家，破败的房子、蓬乱的头发、孱弱的身躯以及粗糙的衣服、悲哀的面容，悲惨到无以复加的地步。全家赖以维生的只有一头奶牛，来访的老师在临走时，却将这头奶牛偷偷给杀掉了。学生被老师的行为震惊了，质问老师为何这样做？老师不做任何解释，也毫不关心这户可怜的人家失去他们唯一的谋生工具之后命运将如何，径自走了，学生也随之灰溜溜地走了。

回到城里的头几天，学生还在担心那家人会不会已经饿死了，偶尔睡不着觉时也会自责一下，但很快就淡忘了这件事。直到一年之后，老师建议再次旧地重游，学生的罪恶感才又被勾了出来，悔恨当初老师的行为毁掉了这家人，自己作为帮凶也是难逃其咎。

谁知到了那里却发现破房子已经换成了漂亮的新房子，肮脏、贫穷的主人变得快乐、健康而富足，难道奇迹发生了？听了主人的讲述，才知道他有过怎样的经历。当初他们唯一的谋生工具奶牛意外死亡后，这家人经历了绝望和痛苦，最后为了生存只能另谋生路，开辟空地种菜，谁知，他们种的菜不仅能自给自足，还能有多余的可以卖钱，并走上了发家致富之路。

这个故事源于美国畅销书《谁杀了我的牛》。在这里，"奶牛"象征了所有的借口、托词、理由、谎言、"合理化"的解释、恐惧和错误的信念，正是它们将你与平庸的生活捆绑在一起，阻碍了你去实现真正想要追求并应该获得的理想生活。可悲的是，在拖延问题上，我们实际拥有的"奶牛"可能比我们愿意承认的要多得多。

事实上，很少有人愿意承认自己是在编造借口，我们常喜欢把借口看作是事实或是对现实状况的最合理的解释，并把它们当成是无法控制的因素。但是，更多的借口背后其实是个人的惰性心理在作怪，因为选择了借口就意味着能享受到"便利"。在办公室中、在商店里、在生活中的每一个地方，我们都能运用借口带来的"便利"。殊不知，在找借口与自我欺骗的同时，也给自己带来了各种拖延的恶果。

每个人心里都有头"奶牛",当我们不断拖延该做的事时,当把自己不理性的恐惧解释成"谨慎小心",拒绝挑战而用不想"好高骛远"来辩护的时候,就表示"奶牛"已经出现了,我们的拖延症似乎已经朝着越来越严重的方向发展。

因此,我们要杀死"奶牛"!因为心中的"奶牛"会引导我们继续拖延,它是阻碍我们不断进步的敌人。

重拾行动力,克服拖延症

你打算什么时候开始完成手头上的项目?你在等什么,是在等待别人的帮助还是等待问题消失?明明已经有了计划,但不能付诸执行,问题仍在等着你,而那些同时起步的人已经解决了问题,开始了下一步计划。

不拖延的人都是具有高效执行力的人,他们会想尽办法尽速完成任务。"最理想的状态是任务在昨天完成。"对于应该尽速完成的事,要在第一时间内进行处理,争取让工作早点瓜熟蒂落,让自己放心。

千万不要把昨天就能完成的工作拖延到今天,把今天就能完成的工作拖延到明天。最好不要等到别人开口,说那句"你什么时候做完那件事"时,才匆忙呈上自己的成绩。

比尔·盖茨说:"过去,只有适者能够生存;今天,只有最快处理完事务的人能够生存。"对于一名绝不拖延的行动者来说，"马上就办"是唯一的选择。

李·雷蒙德是工业史上绝顶聪明的 CEO 之一，是洛克菲勒之后最成功的石油公司总裁——他带领埃克森·美孚石油公司继续保持着全球知名公司的美誉。

有一次，李·雷蒙德和他的一位副手到公司各部门巡视工作。到达休斯敦一个区加油站的时候，李·雷蒙德却看见油价告示牌上公布的还是昨天的数字，并没有按照总部的指令将每加仑油价下调 5 美分进行公布，他十分恼火。

李·雷蒙德立即让助理找来了加油站的主管约翰逊。远远地望见这位主管，他就指着报价牌大声说道："先生，你大概还熟睡在昨天的梦里吧！因为我们收取的单价比我们公布的单价高出了 5 美分，我们的客户完全可以在休斯敦的很多场合，贬损我们的管理水平，并使我们的公司被传为笑柄。"

意识到问题的严重性，约翰逊连忙说道："是的，我立刻去办。"

看见告示牌上的油价得到更正以后，李·雷蒙德面带微笑说："如果我告诉你，你腰间的皮带断了，而你却不立刻去更换它或者修理它，那么，当众出丑的只有你自己。"

也许加油站的主管约翰逊认为，当天的油价只要在当天换也来得及。但是商业环境的竞争节奏正在以令人眩目的速度快速运转着，我们所应该做的是"绝不拖延"。

以最快的反应速度去开始一项工作是保持恒久竞争力不可缺少的因素，也是唯一不会过时的职场本领。在人才竞争激烈的公司里，要让自己保持稳定甚至常胜的优势，就必须奉行"绝不拖延"的工作理念。

世界上有90%的人都因拖延而一事无成。不提出任何问题，不表示任何困难，以最快的时间，用最好的质量，马上就办，这才是最优秀的人。

让"快速行动"成为一种习惯

日本著名企业家盛田昭夫说："我们慢，不是因为我们不快，而是因为对手更快。如果你每天落后别人半步，一年后就是一百八十三步，十年后即十万八千里。"

我们不仅需要不拖延，还需要比以别人更快的速度去行动。

曾担任过《大英百科全书》美国分册主编的沃尔特·皮特金在好莱坞工作时，一位年轻的支持者向他提出了一项大胆的建设性方案。在场的人全被吸引住了，它显然值得考虑，不过他可以从容考虑，然后与别人讨论，最后再决定如何去做。但是，当其他人正在琢磨这个方案时，皮特金突然把手伸向电话并立即开始向华尔街拍电报，用电文热烈地陈述了这个方案。当然，拍这么长的电报费用不菲，但它转达了皮特金的信念。

出乎意料的是，1000万美元的电影投资立项就因为这个电文

而拍板签约。假如他拖延行动，这项方案极可能就在他小心翼翼的漫谈中流产（至少会失去它最初的光泽），然而皮特金立刻付诸了行动。

无论是公司还是个人，没有在关键时刻及时做出决定或行动，而让事情拖延下去，会给自身带来严重的伤害。

商机如战机，随时都可能消失，只有立即行动的人才能把握一切。拖延像一颗职场毒瘤，需要马上切除，优秀的人永远是从现在开始行动，不把任何事情拖延到下一分钟。赶快鞭策自己摆脱"等一分钟"的桎梏，以比别人更快的速度去行动，才能挟制"等待下一分钟"的"第三只手"，把你从拖延的陷阱中拯救出来。

生活中，我们总对自己说，明天我要如何如何。工作中也是如此，很多员工对自己过分宽容，习惯用"今天来不及了，等明天再开始做吧"来拖延。其实明天也许永远不可能到来，每天都是今天，为什么不把起点设在今天呢？

安妮是大学里艺术团的歌剧演员。她有

一个梦想：大学毕业后，要在纽约百老汇成为一名优秀的主角。安妮与老师谈起这个梦想，老师鼓励她说："你今天去百老汇跟毕业后去有什么差别？"于是，安妮决定下学期就去百老汇闯荡。

老师却紧追不舍："你下学期去跟今天去，有什么不一样？"安妮情不自禁地说："好，给我一个星期的时间准备一下，我就出发。"老师步步紧逼："所有的生活用品在百老汇都能买到，你一个星期以后去和今天去有什么差别？"

安妮终于说："好，我明天就去。"老师赞许地点点头。第二天，安妮就飞赴全世界巅峰的艺术殿堂——美国百老汇。当时，百老汇的某制片人正在酝酿一部剧目，几百名来自世界各地的人去应征主角。按当时的应聘步骤，是先挑出10个左右的候选人，然后，让他们每人按剧本的要求演绎一段主角的对白。这意味着每一名应征者要经过两轮百里挑一的艰苦角逐才能胜出。

安妮到了纽约后，费尽周折从一个化妆师手里要到了将要排演的剧本。这以后的两天中，安妮闭门苦读，悄悄演练。正式面试那天，安妮是第48个出场的。当她粲然一笑，制片人看到面前的这个姑娘感情如此真挚，表演如此惟妙惟肖时，他惊呆了！他马上通知工作人员结束面试，主角非安妮莫属。就这样，安妮来到纽约的几天时间就顺利地进入百老汇，穿上了人生中的第一双红舞鞋。

很多时候，你若立即进入主题，会惊讶地发现，浪费在万事俱备上的时间和潜力会让你懊悔不已。而且，许多事情若立即动手去做，就会感到快乐、有趣，加大成功概率。

拖延常常是少数人逃避现实、自欺欺人的表现。然而，无论你是否在拖延时间，自己的事情都必须由自己去完成。通过暂时逃避现实，从暂时的遗忘中获得片刻的轻松，这并不是根本的解决之道。

当然，以更快的速度去行动不一定能获得最终的成功，但迟疑不决注定不能将事情做成。我们应该记住这一点。

设立明确的"完成期限"

很多人都有这样的经验：如果上级在星期一布置了工作任务，要求在星期五之前交上来，同时强调最好是尽快完成，很多人从星期二到星期四几乎很难安下心来把任务完成并主动交上，总是在星期四晚上或星期五早上的时候才匆匆把任务赶完。同时在看似无所事事的前三天里，他们的内心一直备受煎熬——每天都在告诉自己：该行动了，时间不多了！可是，他们就是无法进入状态，同时又不断谴责自己没有效率，始终被负罪感包围着。如果上级布置工作任务时要求星期三之前交上来，即使不强调最好尽快完成，那么你也会在星期三之前把任务完成。这就是心理学中著名的"最后通牒效应"。

心理学家做过这样一个实验：让一个班的小学生阅读一篇课文。实验的第一阶段，没有规定时间，让他们自由阅读，结果全班平均用了 8 分钟才阅读完；第二阶段，规定他们必须在 5 分钟内读完，结果他们用了不到 5 分钟的时间就读完了。

对于不需要马上完成的任务，人们往往是在最后期限即将到来时才努力完成的情形，称为"最后通牒效应"。

心理学上的"最后通牒效应"说明了最后期限的设定是越提前越好。这种心理效应反映了人类心理的某种拖拉倾向，即人们在从事一些活动时，当时间宽裕的时候，总感觉能拖就拖，但不能拖的情况下——例如当不允许准备的时候，或者已经到了规定的时间，人们基本上也能够完成任务。当给自己规定完成目标的最后期限时，我们应该尽量把最后期限往前赶，否则过于宽松的最后期限很多时候起不到提高我们工作效率的作用。

在工作中我们应当善于为自己设定"最后期限"，任何事情如果没有时间限定，就如同开了一张空头支票。只有懂得用时间给自己施加压力才能保证准时完成任务。

要做到不拖延，最好制定自己每日的工作时间进度表，记下事情，定下期限。否则，下面的困境就很有可能发生在你身上。

曹睿是某公司的一个部门主管，他平时工作总喜欢把"不着急，还有时间""明天再说吧"这些话放在嘴边。这一次老板要去国外公干，并且要在一个国际性的商务会议上发表演说。曹睿负责一些资料的收集和整理。刚接到这个任务时，曹睿并没有着急，他想收集资料是很简单的，又不像写东西那么复杂，就一直没给自己设定完成的最后期限。

直到老板要出发的前一天，所有的主管都来送行，有人问曹睿："你负责的资料整理好了吗？"

曹睿感觉很轻松地说："不用那么着急，老板要坐好长时间的飞机，反正这段时间是空闲的，资料要等到下飞机才用，我在飞机上做就是了。"

过了一会儿，老板来了，第一件事就是问曹睿："你负责整理的资料和数据呢？"曹睿按照他的想法又跟老板说了一遍。老板听了他的回答，脸色大变："怎么会这样？我已经计划好了，利用在飞机上的时间，和同行的顾问按照这些资料研究一下这次的议题，不能白白浪费这么好的时间啊！"

听到老板的话，曹睿脸色一片惨白。

总是将"明天再说吧"挂在口头上的曹睿，由于没有设定完成目标的最后期限，导致在一份简单的工作任务上出现了失误。

任何事都必须受到时间的限制。为自己的事情设定最后期限，这会让我们行动起来以按时完成各项工作，并且激发我们自身的能动性。反之，没有时限的目标，会让人不自觉地拖延起来，让目标的实现之日变得遥遥无期。

如果没有时间的限定，不懂得为目标设定最后期限，那么就埋下了拖延的种子。只有善于给目标设定最后期限，懂得用时间给自己适当施加压力，才有助于自己以最快的速度行动起来。

想到就做，穿上"行动鞋"

如果只是沉浸在不切实际的幻想中，梦想着天上掉馅儿饼，而不是脚踏实地付诸行动，那么事情恐怕永远都无法完成。

只有积极的行动才能解决工作中的实际问题，才能让我们的才华展现出它的价值。

雷蒙·克罗克是美国企业家，麦克唐纳快餐公司的创建人。1985年，雷蒙·克罗克被评选为美国历史上对美国社会影响最大的企业家。

1954年的一天，雷蒙·克罗克驾车去一个叫圣贝纳迪诺的地方，他看到许多人在一个简陋的快餐店排队，他也停下车排在后面。

人们买了满袋汉堡包，满足地笑着回到自己的汽车里。雷蒙·克罗克好奇地上前去看，原来是经销汉堡包和炸薯条的快餐店，生意非常红火。

雷蒙·克罗克52岁了还没有自己的事业，他一直在寻找自己事业的突破口。他知道，快节奏的生活方式就要到来，这种快餐的经营方式代表着时代的方向，大有可为。于是，他毅然决定经营快餐店。他向经营这家快餐店的麦当劳兄弟买下了汉堡包摊子和汉堡包、炸薯条的专利权。

雷蒙·克罗克搞快餐业的决策遭到了家人及朋友的一致反

对，他们说："你疯了，都50多岁了还去冒这个险。"

雷蒙·克罗克毫不退缩。在他看来，决定大事，应该考虑周全，可一旦决定了，就要一往无前，赶快去做，行与不行，结果会说明一切，最重要的是行动。

雷蒙·克罗克马上投资筹建他的第一家麦当劳快餐店，经过几十年的发展，克罗克取得了巨大的成功。人们把他与名震一时的石油大王洛克菲勒、汽车大王福特、钢铁大王卡内基相提并论。

美国麦当劳在创办初期只是一家经营汉堡包的小店，到了1985年，在美国的50个州和世界30多个国家和地区开设了近万家分店，年营业额100多亿美元，被称为"麦当劳帝国"。它能有今天的成功，完全有赖于创始人雷蒙·克罗克的一旦决定了就赶快行动的做事准则。

世界在改变，事业的成功，常常属于那些敢于抓住时机、付出行动的人。李嘉诚在总结自己的成功经验时说："决定一件事后，就快速行动，勇往直前去做，这样才会取得成功。"

19世纪50年代，受西部淘金热的影响，年轻的美国小伙子李威·施特劳斯也按捺不住了，他放弃了自己轻松的文职工作，随着两个哥哥来到旧金山。到旧金山不久，他开办了一家百货店。

一天，一位来店里买东西的淘金工人无意中对施特劳斯说："你们的帆布包真的很适合我们，为什么不用帆布做成裤子给我们淘金工人穿呢？我想，那一定比我们现在的棉布工装裤结实耐用多了。"

淘金工人们的建议引起了施特劳斯的兴趣，他经过反复思考，决定立即听从这位淘金工人的建议，他马上取出一块帆布到裁缝店，做了第一条帆布工装短裤。这种工装裤诞生以后，果然受到了众多矿工的喜爱。这种工装裤就是现在风靡全球的牛仔裤的前身。

过了些日子，一位从远方来看望施特劳斯的朋友见到工人购买工装裤的情形，向他建议道："我认为，你应该聘请一些有丰富经验的裁缝，先把这种裤子重新设计一番，再投入一些资金，并进行相应的广告宣传，然后把它推向市场。"施特劳斯经过慎重思考，又接纳了这位朋友的建议，以最快的速度将经过重新设计的工装裤推向了市场。令施特劳斯没有想到的是，这种裤子不但吸引了大批矿工的喜爱，而且受到了年轻人的青睐。

后来，他引进设备，组装生产线，开始大批量生产这种工装裤——牛仔裤，并利用各种媒体对牛仔裤进行大肆宣传，甚至还大谈特谈起"牛仔文化"，无孔不入的宣传使牛仔裤深得人心。牛仔裤的市场前景越来越光明、越来越广阔，他的公司也因此而获得了蓬勃发展。

对一个人来说，机会摆在面前，能否抓住这些机会，不仅取决于他是否有敏锐的洞察力，更取决于他是否敢于付出行动。如果畏首畏尾，总是找各种借口拖延，那么成功永远都不会垂青于他。

也许，在一开始的时候，你会觉得坚持"马上行动"这种态度很不容易，但最终你会发现这种态度成了你个人价值的一部分。当你想到，请马上就去做，机遇不会等你太久。

第八章

你不是没修养，
是控制不了情绪

要想成为世界的主人,先成为情绪的主人

哈佛学子约翰·肯尼迪曾说:"一个连自己都控制不了的人,我们的民众会放心把国家都交给他吗?"

生活中,不好的情绪常常折磨我们的心灵,使我们做事出现种种偏差。因此,我们应尽量在情绪控制自己之前控制住情绪。那些能取得成就的人往往是能驾驭情绪的人,而失败得一塌糊涂的人通常是那些被情绪驾驭的人。

一名初入歌坛的歌手,满怀信心地把自制的录音带寄给某位知名制作人。然后,他就日夜守候在电话机旁等候回音。

第一天,他因为满怀期望,所以情绪极好,逢人就大谈抱负。第十七天,他因为情况不明,所以情绪起伏,胡乱骂人。第三十七天,他因为前程未卜,所以情绪低落,闷不吭声。第五十七天,他因为期望落空,所以情绪坏透,拿起电话就骂人。没想到,电话正是那位知名制作人打来的,他为此而自断了前程。

实际上，我们自己不生气什么事情都没有了，生气都是自找的，在生气的时候我们要适当进行情绪转换，让自己不至于伤心难过。

在一生中，总会遇到不好的事情，有人会觉得自己倒霉透顶，于是，嘴里骂着，心里恨着。其实这样的生气是无谓的，根本不能改变现状，还不如利用这些时间想想如何变不利为有利，跨过艰难。

约翰尼·卡特很早就有一个梦想——当一名歌手。参军后，他买了自己有生以来的第一把吉他。他开始自学弹吉他，并练习唱歌，他甚至自己创作了一些歌曲。服役期满后，他开始努力工作以实现当一名歌手的愿望，可他没能马上成功。没人请他唱歌，他连电台唱片音乐节目广播员的职位也没能得到。他只得靠挨家挨户推销各种生活用品来维持生计，不过他还是坚持练唱。他组织了一个

小型的歌唱小组，在各个教堂、小镇上巡回演出，为歌迷们演唱。最后，他制作的一张唱片奠定了他音乐工作的基础。他吸引了2万名以上的歌迷，金钱、荣誉、在全国电视屏幕上露面——所有这一切都属于他了。他对自己坚信不疑，这使他获得了成功。

然而，卡特接着又经受了第二次考验。经过几年的巡回演出，他被那些狂热的歌迷拖垮了，晚上必须服安眠药才能入睡，而且还要吃些"兴奋剂"才能维持第二天的精神状态。他开始染上一些恶习——酗酒、服用催眠镇静药和刺激兴奋性药物。他的恶习日渐严重，以致对自己失去了控制能力：他更多地出现在监狱里而不是舞台上。到了1967年，他每天必须吃100多片药。

一天早晨，当他从佐治亚州的一所监狱刑满出狱时，一位行政司法长官对他说："约翰尼·卡特，我今天要把你的钱和麻醉药都还给你，因为你比别人更明白，你能充分自由地选择自己想干的事。这就是你的钱和药片，你现在就把这些药片扔掉吧，否则，你就去麻醉自己，毁灭自己，你自己选择吧！"

卡特选择了生活。他又一次对自己的能力有了肯定，深信自己能再次成功。他回到纳什维利，并找到他的私人医生，开始戒毒瘾。尽管这在别人看来几乎不可能，因为戒毒瘾比找上帝还难。但他把自己锁在卧室闭门不出，一心一意就是要根绝毒瘾，为此他忍受了巨大的痛苦，经常做噩梦。后来，在回忆这段往事时，他说，那段时间总是感觉昏昏沉沉的，身体里好像有许多玻璃球在膨胀，突然一声爆响，只觉得全身布满了玻璃碎片。当九个星期以后,他又恢复到原来的样子了,睡觉不再做噩梦。他努力实现自己的计划,几个月后,他重返舞台。经过不停息地奋斗,他终于又一次成为超级歌星。

一个人要想征服世界,首先要战胜自己。天底下最难的事莫过于驾驭自己,这正如一位作家所说:"自己把自己说服了,是一种理智的胜利;自己被自己感动了,是一种心灵的升华;自己把自己征服了,是一种人生的成熟。大凡说服了、感动了、征服了自己的人,就有力量征服一切挫折、痛苦和不幸。"

控制自己不是一件非常容易的事情,因为我们每个人心中永远存在着理智与感情的斗争。20几岁的年轻人应该有战胜自己的感情,控制自己命运的能力。如果任凭感情支配自己的行动,就会使自己成为感情的奴隶。

暴躁的性格是引发不幸的导火线

一个人性格暴躁的最直接表现就是非常容易愤怒,愤怒是一种很常见的情绪,特别是对20几岁的年轻人。愤怒本身不是什么问题,但如何表达愤怒则是个问题。

脾气暴躁,经常发火,不仅是诱发心脏病的致病因素,而且会增加患其他病的可能性,它是一种典型的慢性自杀。因此为了确保自己的身心健康,必须学会控制自己,克服爱发脾气的坏毛病。

如何有效地抑制生气和愤怒的情绪呢?这主要在于自己的修

养和来自亲人及朋友的帮助与劝慰。实验证明，在行为方式有改善的人群中，死亡率和心脏病复发率会大大下降。为了控制或减少发火的次数和强度，必须对自己进行意识控制。当愤愤不已的情绪即将爆发时，要用意识控制自己，提醒自己应当保持理性，还可进行自我暗示："别发火，发火会伤身体。"有涵养的人一般能控制住自己。同时，及时了解自己的情绪，还可向他人求得帮助，使自己遇事能够有效地克制愤怒。只要有决心和信心，再加上他人对你的支持、配合与监督，你的目的一定会达到。

一般来说，性格暴躁的人都有如下的一些表现：

（1）情绪不稳定。他们往往容易激动。别人有一点友好的表示，他们就会将其视为知己；如果话不投机，就会立即怒不可遏。

（2）自尊心脆弱，怕被否定，以愤怒作为保护自己的方式。有的人希望和别人交朋友，而别人让他失望了，他就给人家强烈的羞辱，以挽回自己的自尊心。这同时也就永远失去了和这个人亲近的机会。

（3）有不安全感，怕失去。

（4）多疑，不信任他人。暴躁的人往往很敏感，把别人无意识的动作，或轻微的失误，都看成是对他们极大的冒犯。

（5）将别处受到的挫折和不满情绪发泄在无辜的人身上。

应当说，脾气是一个人文化素养的体现。大凡有文化、有知识、有修养者，往往待人彬彬有礼，遇事深思熟虑，冷静处置，依法依规行事，不会轻易动肝火。而大发脾气者，大多是缺乏文

化修养的人，他们干柴般的思想修养，遇火便着，任凭自己的脾气脱缰奔驰，直至撞墙碰壁，头破血流，惹出事端。

所以，容易情绪暴躁的人，提高自己的素质修养刻不容缓。下面的6条措施将帮助你完成改变暴躁性格这一心理、生理的转变过程，让你的性格臻于完善。

（1）承认自己存在的问题。请向你的配偶和亲朋好友承认，自己以往爱发脾气，决心今后加以改进，希望他们对你支持、配合和督促，这样有利于你逐步达到目的。

（2）保持清醒。当愤愤不已的情绪在你的脑海中翻腾时，要立刻提醒自己保持理性，这样你才能避免愤怒情绪的爆发，才能恢复清醒和理性。

（3）反应得体。受到不公平对待时，任何正常的人都会怒火中烧。但是无论发生什么事，都不可放肆地大骂出口。而该心平气和、不抱成见地让对方明白，他的言行错在哪儿，为何错误。这种办法给对方提供了一个机会，在彼此不受伤害的情况下改弦更张。

（4）推己及人。把自己摆到别人的位置上，你也许就容易理解对方的观点与举动了。在大多数场合，一旦将心比心，你的满腔怒气就会烟消云散，至少觉得没有理由迁怒于人。

（5）诙谐自嘲。在那种很可能一触即发的危险关头，你还可以用自嘲解脱。"我怎么啦？像个3岁小孩，这么小肚鸡肠！"幽默是改掉发脾气毛病的最好手段。

（6）贵在宽容。学会宽容，放弃怨恨和报复，你随后就会发现，把愤怒的包袱从双肩卸下来，显然会帮助你放弃错误的冲动。

一位哲人说："谁自诩为脾气暴躁，谁便承认了自己是一名言行粗野、不计后果者，亦是一名没有学识、缺乏修养之人。"细细品味，煞是有理。20几岁的年轻人，愿我们都能远离暴躁脾气，做一个有知识、有文化、有修养的人。

因此，能够自我控制是人与动物最大的区别之一。脾气虽与生俱来，但可以调控。多学习，用知识武装头脑，是调节脾气的最佳途径。知识丰富了，修养提高了，法纪观念增强了，脾气这匹烈马就会被紧紧牵住，无法脱缰招惹是非，甚至刚刚露头，即被"后果不良"的意识制约，最终把上蹿的脾气压下，把不良后果消灭在萌芽状态。

自控，成熟比成功更重要

20几岁的年轻人正处于青春年少、意气风发的年纪，总是缺乏自控，很容易被自己的情绪掌控。但是，自我控制是一种重要的能力，也是人区别于动物的重要标志。人是有理性的，而非依赖感情行事。没有自制力的人终将一无所成，因为一点小刺激和小诱惑就抵制不了，继而深陷其中，最终害的还是自己。

有一个间谍，被敌军捉住了，他立刻装聋作哑，任凭对方用怎样的方法威逼利诱，他都不为所动。等到最后，审问的人故意和气地对他说："好吧，看起来我从你这里问不出任何东西，你可以走了。"你认为这个间谍会立刻转身走开吗？不会的！要是他真这样做，他就会当场被识破他的聋哑是假装的。这个聪明的间谍依旧毫无知觉似的呆立着不动，仿佛对于那个审问者的话完全不曾听见。

审问者是想用释放他的方法使他麻痹，来观察他的聋哑是否真实，因为一个人在获得自由的时候，常常会精神放松。但那个间谍听了依然毫无动静，仿佛审问还在进行，就不得不使审问者也相信他确实是个聋哑人了，只好说："这个人如果不是聋哑的残废者，那一定是个疯子！放他出去吧！"就这样，间谍保住了自己的性命。

很多人都惊叹于这个间谍的聪明。其实，与其说这个间谍聪明，还不如说是他超凡的情绪自控力在关键时刻拯救了他的生命，换回了他的自由。

情绪是人对事物的一种最肤浅、最直观、最不用脑的情感反应。它往往只从维护情感主体的自尊和利益出发，对事物没有复杂、深远和智谋的考虑，这样的后果，就是常使自己处在很不利的位置上或为他人所利用。本来，情感离智谋就已距离很远了（人常常以情害事，为情役使，情令智昏），情绪更是情感最表面、最浮躁的部分，以情绪做事，焉有理智？不理智，能够有胜算吗？

但是很多人在工作、学习、待人接物时，却常常依从情绪的摆布，头脑一发热（情绪上来了），什么蠢事都愿意做，什么蠢事都做得出来。比如，因一句无甚利害的话，有人便可能与人打斗，甚至拼命（诗人莱蒙托夫、诗人普希金与人决斗死亡，便是此类情绪所致）；又如，有人因别人给他们一点小恩小惠，而心肠顿软，大犯根本性的错误（西楚霸王项羽在鸿门宴上耳软、心软，以致放走死敌刘邦，最终痛失天下，便是这种柔弱心肠的情绪所致）；还可以举出很多因情绪的浮躁、简单、不理智等犯的过错，大则失国失天下，小则误人误己误事体。事后冷静下来，自己就会感到犯了错误。这都是因为情绪的躁动和亢奋，蒙蔽了人的心智导致的。

所以，给自己的情绪装一个自制的阀门吧，这样我们才能做到挥洒自如，才能赢得卓越的人生。

日常生活中，我们难免会有情绪不好的时候，这时候不妨试着用以下的方法来控制情绪：

1. 转移

当我们受到无法避免的痛苦打击时，可能会长期沉浸在痛苦之中，这样既于事无补、不能解决任何问题，又影响自己的工作、损害健康，所以我们应该尽快地把自己的注意力转移到那些有意义的事情上去，转移到最能使自己感到自信、愉快和充实的活动上去。这一方法的关键是尽量减少外界刺激，尽量减少它的影响和作用。

2. 解脱

解脱就是换一个角度来看待令人烦恼的问题。从更深、更高、更广、更长远的角度来看待问题，对它有新的理解，以求跳出原有的圈子，使自己的精神获得解脱，以便把精力全部集中到自己所追求的目标上。

3. 升华

升华就是利用强烈的情绪冲动，把它引向积极的、有益的方向，使之具有建设性的意义和价值。我们常说的"化悲痛为力量"就是指升华自己的悲痛情绪。其实不只是悲痛可以化为力量，其他的强烈情感也都可以化为力量。

4. 利用

利用，就是我们常说的"坏事也能变成好事"。一种利用是对时机和客观条件的利用。一个能使我们苦恼的强制性要求，如果能巧妙地加以利用，就有可能首先在精神上感到自己由被动转化为主动，进而可以使烦恼变得怡然自得、乐在其中。

所以，20几岁的年轻人，要想成功，自控是很重要的。

情绪不稳定时,学会"绕着房子跑3圈"

很久以前,有一个年轻人,每次生气和人起争执的时候,就以很快的速度跑回家去,绕着自己的房子和土地跑3圈,然后坐在田地边喘气。他工作得非常努力,他的房子越来越大,土地也越来越广,但不管自己多么富有,只要与人争论生气,他还是会绕着自己的房子和土地跑3圈。为什么他从来不暴跳如雷呢?大家都很奇怪。

许多年过去了,他已不再年轻。当心情不好的时候,他还是一如既往地拄着拐杖艰难地绕着土地、房子走完3圈。他的孙子在身边问他:"爷爷,您年纪大了,这附近的人也没有谁的土地比您的更大,您何必这么辛苦呢?"

他笑了笑,终于说出隐藏在心中多年的秘密:"年轻时,我生气时,就绕着房子和土地跑3圈,边跑边想,我的房子这么小,土地这么小,我哪有时间、哪有资格去跟人家生气?一想到这里,气就消了,于是就把所有的精力用来努力工作。可是现在,我一边走一边想,我的房子这么大,土地这么多,我又何必跟人计较?这样,我的心又平静下来。我从来不会浪费时间去愤怒,所以每一天都过得很快乐。"

这位老人深谙生活的智慧。人虽然是情绪动物,难免会有各种负面情绪滋生,如果任由恶劣的情绪控制自己,人生将变得毫无乐趣。被愤怒控制,会因冲动铸成大错;被烦躁控制,会坐立不安、一事无成；被忧伤控制，会日渐消沉，看不到生活的希望。所以，一个人要想做成大事，必须要有稳定的情绪和成熟的心态。

缺乏对自己情绪的控制，是做事的大忌。试想，如果你一会儿心情忧郁，情绪一落千丈；一会儿又怒气冲冲，使你的朋友们对你敬而远之；一会儿又情绪高昂，手舞足蹈，谁愿意与这种情绪不定的人交往合作？而且，情绪不稳定的人对于自己确立的目标也常常不能坚持到底，做事容易情绪化，朝三暮四，高兴了就做，不高兴就扔在一边，丝毫没有计划性和韧性，这样的人能成功吗？

艾森豪威尔说："能控制自己情绪的人，可以成就任何大业。"傅山说："愤怒达到沸腾点时，就很难克制住，除非天下大勇者，否则便不能做到。"中国古语云："小不忍则乱大谋。"如果你想和对方一样发怒，你就应想想这种爆发会发生什么后果。如果发怒会损害你的利益，那么你就应该约束自己、控制自己，无论这种自制如何困难。

汉初名臣张良在年少外出求学时，曾遇到过一件事。

有一天，他走到一座桥上，遇到一个老人穿着粗布衣服在那里坐着。见张良过来，他故意将鞋子扔到桥下，冲张良喊："小子，下去给我把鞋捡上来！"

张良听了一愣，本想发怒，但看到对方是个老人，就强忍着怒气到桥下把鞋子捡了上来。

老人说："给我把鞋穿上。"

张良想，既然已经捡了鞋，好事做到底吧，就跪下来给老人穿鞋。

老人穿上鞋后笑着离去了。他一会儿又返回来，对张良说："孺子可教也。"于是约张良再见面。这个老人后来向张良传授了《太公兵法》，使张良最终成为一代良臣。

老人考察张良，就是看他有没有遇辱能忍的自我克制的修养，有了这种修养，才能担当大任，处理多种复杂的人脉资源和困难的事情；才能遇事冷静，知道祸福所在，不意气用事。20几岁的年轻人在平时要注意这种修养，克制、忍耐，处理好所遇到的人和事。

控制自己的情绪既然如此重要，那么20几岁的年轻人，当你情绪不稳定时，不妨学着第一个例子的主人公绕着房子跑3圈。

情绪低落时不妨假装快乐

许多人都有这样的体会：当我们在做一些有兴趣也很令人兴奋的事情时，很少会感到疲劳。因此，克服疲劳和烦闷的一个重要方法就是假装自己已经很快乐。如果你"假装"对工作有兴趣，一点点假装就可以使你的兴趣成真，也可以减少你的疲劳、紧张和忧虑。

有天晚上，艾丽丝回到家里，觉得精疲力竭，一副疲倦不堪的样子。她觉得很累，甚至不想吃饭就要上床睡觉。可是，当她看到父母坐在饭桌前等她吃饭的样子，还有母亲暖暖的那句："很累吧！快过来吃饭吧！"心里顿时觉得暖暖的，挤出一个笑容，坐在了饭桌前。

她知道父母关心她,所以纵使情绪低落、工作上多累多不顺心,她也不想让父母担心,于是她就尽量表现出很开心的样子,让父母放心,有时候,她还真的觉得这样做能让自己轻松不少。

心理因素的影响,通常比肉体劳动更容易让人觉得疲劳,这已经是一个大家都知道的事实了。约瑟夫·巴马克博士曾在《心理学学报》上有一篇报告,谈到他的一些实验,证明了烦闷会产生疲劳。巴马克博士让一群大学生做了一连串的实验,他知道这些实验都是他们没有什么兴趣做的。其结果呢?所有的学生都觉得很疲倦、打瞌睡、头痛、眼睛疲劳、很容易发脾气,甚至还有几个人觉得胃很不舒服。所有这些是否都是"想象"出来的呢?

不是的,这些学生做过新陈代谢的实验,由实验的结果知道,一个人感觉烦闷的时候,他身体的血压和氧化作用实际上真的会减低。而一旦这个人觉得他的工作有趣的时候,整个新陈代谢作用就会立刻加速。

心理学家布勒认为，造成一个人疲劳感的主要原因是心理上的烦恼。加拿大明尼那不勒斯农工储蓄银行的总裁金曼先生对此是深有体会。

在 1943 年的 7 月，加拿大政府要求加拿大阿尔卑斯登山俱乐部协助威尔斯军团进行登山训练，金曼先生就是被选来训练这些士兵的教练之一。他和其他的教练——那些人大约从 42 岁到 59 岁不等——带着那些年轻的士兵，长途跋涉过很多的冰河和雪地，再用绳索和一些很小的登山设备爬上悬崖。他们在加拿大洛基山的小月河山谷里爬上米高峰、副总统峰和很多其他没有名字的山峰，经过 15 个小时的登山活动之后，那些非常健壮的年轻人，都完全精疲力竭了。

他们感到疲劳，是否因为他们军事训练时，肌肉没有训练得很结实呢？任何一个接受过严格军事训练的人对这种荒谬的问题都一定会嗤之以鼻。原来，他们之所以会这样精疲力竭，是因为他们觉得登山很烦。他们中很多人疲倦得不等到吃过晚饭就睡着了。可是那些教练们——那些年岁比士兵要大两三倍的人——是否疲倦呢？不错，可是不会精疲力竭。那些教练们吃过晚饭后，还坐在那里聊了几个钟点，谈他们这一天的事情。他们之所以不会疲倦到精疲力竭的地步，是因为他们对这件事情感兴趣。

耶鲁大学的杜拉克博士在主持一些有关疲劳的实验时，用那些年轻人经常保持感兴趣的方法，使他们维持清醒差不多达一星期之久。在经过很多次的调查之后，杜拉克博士表示"工作效能减低的唯一的真正原因就是烦闷"。

因此,经常保持内心愉悦是抵抗疲劳和忧虑的最佳良方。在这里,请记住布勒博士的话:"保持轻松的心态,我们的疲劳通常不是由于工作,而是由于忧虑、紧张和不快。"

20几岁的年轻人,如果你此刻不快乐,会导致身体更加疲劳,情绪也就更加低落,因此,不妨假装自己是快乐的,当你的心理产生快乐的愿望时,身体也会跟着调整到快乐时的状态,从而形成良性的循环。不信你就试试看。

用运动驱散心头的烦闷

卡耐基曾诙谐地说过:"我若发现自己有了烦恼,或是精神上像埃及骆驼寻找水源那样猛绕着圈子不停打转,我就利用激烈的体能锻炼,来帮助我驱逐这些烦恼。"正如他所说的,烦恼、情绪低落时的最佳"解毒剂"就是运动。当你烦恼时,多用肌肉,少用脑筋,其结果将会令你非常惊讶。这种方法对每一个人都极为有效。

因此,20几岁的年轻人,当你觉得情绪不佳时,不妨尝试去做一些运动,这些运动可以是跑步,或是徒步远足到乡下,或是打半小时的沙袋,或是到体育场打网球。不管是什么,体育活动总能使我们的精神为之一振。等到肉体疲倦了,精神也随之得到了休息,当我们再度回去工作时,我们就会觉得精神饱满,充满活力。事实证明,快乐的身体能够带动快乐的心。

有位专门研究快乐如何影响心理的科学家曾整理出了快乐的技巧，方法简单而且见效神速，能让人立刻就变得乐观起来，这就是运动。

首先，经常运动，抬头挺胸。我们在矫正头脑之前，要先矫正身体。为什么呢？因为生理与心理是息息相关的。相信你也该有过这样的体验，当心情处于低潮的时候，我们往往也是无精打采、垂头丧气；而心情快乐时，自然是抬头挺胸、昂首阔步了。

再从另一角度来看，当一个人抬头挺胸的时候，呼吸会比较顺畅，而深呼吸则是释放压力的妙方。所以当抬头挺胸时，我们会觉得比较能够应付压力，当然也就容易产生"这没什么大不了"的乐观态度。另外，与肌肉状态有关的信息也会通过神经系统传回大脑去。当我们抬头挺胸的时候，大脑会收到这样的信息，四肢自在，呼吸顺畅，看来是处于很轻松的状态，心情应该是不错的。在大脑也做出心情愉悦的判决后，自己的心情就更轻松了。因此，身体的状态和姿势的确会影响心情的状态，要是垂头，就容易感到丧气，如果挺胸，则容易觉得有生气。

这个简单得令人难以置信的方法，可千万别小看它，下次若头脑中悲观的念头再冒出来时，赶快调整一下姿势，抬头挺胸地带出乐观心境吧！

20几岁的年轻人身处竞争激烈的社会，常常会有莫名的烦躁感，常会感到情绪压抑，这时不妨站起来运动运动，坏情绪自然会烟消云散。

图书在版编目（CIP）数据

你不是迷茫，而是自制力不强 / 张卉妍编著 . -- 北京 : 中国华侨出版社, 2017. 12（2025 .5重印）.
ISBN 978-7-5113-7154-6

Ⅰ.①你… Ⅱ.①张… Ⅲ.①自我管理－通俗读物
Ⅳ.① C912.1-49

中国版本图书馆 CIP 数据核字（2017）第 272256 号

你不是迷茫，而是自制力不强

编　　著：张卉妍
责任编辑：姜薇薇
封面设计：冬　凡
美术编辑：吴秀侠
插图绘制：林玉峰
经　　销：新华书店
开　　本：880mm×1230mm　1/32 开　印张：6　字数：150 千字
印　　刷：三河市冀华印务有限公司
版　　次：2018 年 1 月第 1 版
印　　次：2025 年 5 月第 5 次印刷
书　　号：ISBN 978-7-5113-7154-6
定　　价：30.00 元

中国华侨出版社　北京市朝阳区西坝河东里 77 号楼底商 5 号　邮编：100028
发 行 部：（010）58815874　　　传　真：（010）58815857

如果发现印装质量问题，影响阅读，请与印刷厂联系调换。